Das einfache und emotionale Kauferlebnis

D1719864

Johannes Robier

Das einfache und emotionale Kauferlebnis

Mit Usability, User Experience und Customer Experience anspruchsvolle Kunden gewinnen

Johannes Robier
youspi Consulting GmbH
8010 Graz
Österreich

ISBN 978-3-658-10129-9   ISBN 978-3-658-10130-5 (eBook)
DOI 10.1007/978-3-658-10130-5

Die Deutsche Nationalbibliothek verzeichnet diese Publikation in der Deutschen Nationalbibliografie; detaillierte bibliografische Daten sind im Internet über http://dnb.d-nb.de abrufbar.

Springer Gabler
© Springer Fachmedien Wiesbaden 2016

Das Werk einschließlich aller seiner Teile ist urheberrechtlich geschützt. Jede Verwertung, die nicht ausdrücklich vom Urheberrechtsgesetz zugelassen ist, bedarf der vorherigen Zustimmung des Verlags. Das gilt insbesondere für Vervielfältigungen, Bearbeitungen, Übersetzungen, Mikroverfilmungen und die Einspeicherung und Verarbeitung in elektronischen Systemen.
Die Wiedergabe von Gebrauchsnamen, Handelsnamen, Warenbezeichnungen usw. in diesem Werk berechtigt auch ohne besondere Kennzeichnung nicht zu der Annahme, dass solche Namen im Sinne der Warenzeichen- und Markenschutz-Gesetzgebung als frei zu betrachten wären und daher von jedermann benutzt werden dürften.
Der Verlag, die Autoren und die Herausgeber gehen davon aus, dass die Angaben und Informationen in diesem Werk zum Zeitpunkt der Veröffentlichung vollständig und korrekt sind. Weder der Verlag noch die Autoren oder die Herausgeber übernehmen, ausdrücklich oder implizit, Gewähr für den Inhalt des Werkes, etwaige Fehler oder Äußerungen.

Gedruckt auf säurefreiem und chlorfrei gebleichtem Papier

Springer Fachmedien Wiesbaden ist Teil der Fachverlagsgruppe Springer Science+Business Media
(www.springer.com)

Vorwort

Wieso soll ein Kunde mein Produkt kaufen?
Wieso soll ein Kunde meine Dienstleistung in Anspruch nehmen?
Wieso soll ich in ein Unternehmen investieren?
Der „Reason to Believe" ist gleichzusetzen mit dem wesentlichen Kaufgrund.
Er stellt den Hauptgrund dar, warum Produkte gekauft, weshalb Dienstleistungen in Anspruch genommen und wieso Kunden zu loyalen Stammkunden werden.

In seinem Kern hat der „Reason to believe" das Ziel, den Konsumenten in seiner Kaufentscheidung durch tatsächliche beziehungsweise subjektiv wahrgenommene Fakten zu bestätigen und zu bestärken. Darüber hinaus vermittelt der „Reason to Believe" das gute Gefühl, sich für das Richtige entschieden zu haben, wodurch Produkte und Dienstleistungen im Anschluss auch weiterempfohlen werden. Ohne einen „Reason to Believe" bleibt es ruhig um Ihr Produkt.

Dieses Buch zeigt Ihnen von der psychologischen Grundlage der Informationsvermittlung bis hin zu methodischen Anwendungen, wie Sie den „Reason to Believe" Ihrer Produkte und Dienstleistungen strukturiert erarbeiten, kommunizieren und in den Vordergrund stellen können.

Der „Reason to Believe" muss nicht zwangsläufig das Einzigartige, also der USP eines Produktes sein. Für den Kunden kann auch die persönliche Wertschätzung, das Vertrauen einer einzelnen Person oder auch nur die vermittelte Emotion der Grund sein, warum er ein Produkt kauft. Somit sind der „Reason to Believe" und das Einzigartige doch verschiedenes Betrachtungsweisen.

Kunden kaufen gerade wegen des „Reasons to Believe" und nicht – wie uns immer erzählt wird – weil das Produkt einzigartig ist. Es ist jedoch nicht ausgeschlossen, dass in einzelnen Fällen beides dasselbe ist.

Danksagung

Bei folgenden Personen möchte ich mich bedanken, die mich bei diesem Buch unterstützt bzw. mich motiviert haben, es fertig zu schreiben.

An **Andreas Zoisl, Tamara Kober, Verena Klöbl, Martin Wolf, Michael Brandstätter, Manuel Müller, Sabine Ettema und Rene Wogg,** die mir Feedback zur Rohfassung gegeben haben, um es kundenorientierter zu verfassen.

Meine Motivatoren, dieses Buch zu schreiben:

* Herausforderung
* Steuerung
* Anerkennung
* Respekt

Inhaltsverzeichnis

Der Autor

Johannes Robier Johannes Robier ist Geschäftsführer der youspi Consulting Gmbh und nationaler und internationaler Vortragender für Usability, User Experience und Innovation. Er ist Organisator des World Usability Congress, der jährlich in Graz/Österreich durchgeführt wird. Als Vordenker und Idealist ist er führender Experte in seinem Bereich.

Die Produkt und Servicebeispiele wurden von der youspi Consulting GmbH umgesetzt. Danke an meine Mitarbeiter und Unterstützer bei youspi:

Tamara Kober
Sebastian Wöhrer
Jessica Prasnicar
Jasmin Hofer
Christina Knabl
Florian Hasenhüttl

Usability als Ihr USP. Dafür stehen youspi und seine Mitarbeiter. Das kleine UX Unternehmen aus Österreich hat sich auf die Bereiche
Research,
Konzeption und
Design
spezialisiert. Mit dem selbst entwickelten NEEDS INNOVATION MODEL (TM) schafft youspi es, Innovation mit Design und Usability zu verknüpfen. 20%

Marktanteilsgewinn oder die Ehrung von der NASA für das Produkt des Jahres sind nur zwei Erfolgsgeschichten von youspi.

youspi ist der Organisator des internationalen World Usability Congress | www. worldusabilitycongress.com und des in diesem Zuge verliehenen World Experience Award.

Weitere Informationen zu uns und unserer Arbeit finden Sie unter http://www. youspi.com

Der "Reason to believe"

1

Inhaltsverzeichnis

Zusammenfassung

Im ersten Kapitel wird auf die Grundlagen der Informationsaufbereitung eingegangen, um zu verstehen, wie der Mensch die Umwelt wahrnimmt, wie Informationen aufbereitet gehören, und in welchen Themen wir uns in den weiteren Kapiteln vertiefen müssen, um Kauferlebnisse zu schaffen. Durch die physiologischen Voraussetzungen arbeiten wir uns zu jenem Punkt vor, in dem wir wissen, wie eine gehringerechte Information aufbereitet werden muss. Zusätzlich werden die Begriffsdefinitionen aus der Branche aufgearbeitet, um das gleiche Verständnis für Begriffe zu erhalten. Hier wird eine klare Unterscheidung zwischen benutzbar, Benutzerfreundlich (Usability), User Experience und Customer Experience gegeben.

© Springer Fachmedien Wiesbaden 2016
J. Robier, *Das einfache und emotionale Kauferlebnis,*
DOI 10.1007/978-3-658-10130-5_1

1

An einem Mittwochnachmittag sitze ich im Büro und erarbeite ein neues Softwarekonzept für einen Kunden. Die Komplexität der Software beansprucht meine gesamte Aufmerksamkeit, so dass ich mich zu 100 % darauf konzentrieren muss. Eine Lösung des Problems steht knapp bevor. Plötzlich läutet das Telefon und reißt mich aus der Konzeption. Meine Großmutter ruft an und nachdem ich meine Konzentration bereits verloren habe, hebe ich natürlich ab. „Hannes, ich möchte mir einen Computer kaufen, damit ich auch in das Internet kann. Meine Freundinnen sagen, ich soll in das Internet gehen, um mit ihnen zu chatten. Was heißt chatten und kannst Du mir einen Computer kaufen?" Was werde ich ihr empfehlen? Was ist in diesem Fall der „Reason to believe"? Waren Sie schon einmal in der Situation?

Sie wollen in naher Zukunft in den Urlaub fahren und planen, Ihre bevorstehende Freizeit in einem wunderschönen Urlaubsort am Meer zu verbringen. Um diesen zu finden, entscheiden Sie sich für eine Onlinesuche nach dem perfekten Ort. Sie starten eine Suchmaschine und beginnen nach „Hotel am Meer" zu suchen. Bereits die erste Ergebnisseite präsentiert eine Vielzahl von Websites. Sie klicken die ersten Ergebnisse durch. Von zehn Urlaubsseiten bleiben schließlich zwei übrig. Wieso haben Sie sich nun für genau diese beiden Portale entschieden? Was war der „Reason to believe"? Was haben diese Websites, das andere nicht haben? Auf den zwei Urlaubsportalen suchen Sie nach einem geeigneten Hotel. Sie wenden vier verschiedene Filter an, um sich auf eine Auswahl von fünf Hotels zu beschränken. Welches Hotel buchen Sie? Was ist der „Reason to believe"?

Ein Unternehmen benötigt ein neues Softwareprodukt. Drei verschiedene Anbieter werden eingeladen, ihr Angebot zu präsentieren. Jeder der drei Sales Manager erklärt, dass sein Produkt das jeweils Beste am gesamten Markt sei. Jedes einzelne erfüllt alle gesetzten Ansprüche, bietet darüber hinaus eine Vielzahl an Zusatzfunktionalitäten und verfügt über eine entsprechend lange Referenzliste. Für welches Produkt wird sich ein Verantwortungsträger entscheiden? Viele Kunden greifen zu dem Produkt, das einfacher aussieht – sogar, wenn weniger Funktionalitäten geboten werden. Sie schauen sich das Produkt an und überlegen, ob Sie es verstehen und wie viel Einarbeitungszeit notwendig ist, um das Produkt tatsächlich nutzen zu können. Einfachheit und wahrgenommene Anwenderfreundlichkeit gewinnen. Wieso entscheiden wir so?

Sie genießen einen Städtetrip, den Sie sich schon lange gewünscht und vorbereitet haben. Nachdem Sie sich für eine Fluglinie entschieden haben und nach einer strapaziösen Anreise nun endlich am Ziel angelangt sind, wollen Sie schnell in ihr Hotel. Da Sie sich nicht auskennen,, nehmen Sie schließlich ein teures Taxi zu Ihrem Hotel, obwohl Sie ein Verfechter der öffentlichen Verkehrsmittel sind. Was hat Sie vor Ort vom Taxiservice überzeugt? Am kommenden Tag ist eine Citytour angesagt. Sie marschieren von einer Attraktion zur nächsten. Am späten Nachmittag sind Sie bereits etwas erschöpft und bekommen am Weg ein großes Verlangen nach einem sehr guten Kaffee. Plötzlich stehen Sie in einer Straße, in der ein Café neben dem anderen ist. Für welches entscheiden Sie sich? Was ist hier der „Reason to believe"?

Sie kaufen einen neuen Drucker im Einzelhandel. Da Sie sich nicht entscheiden können und keine der Marken gut kennen, lassen Sie sich von einem der Verkäufer beraten. Voller Stolz kaufen Sie einen Drucker, fahren damit nach Hause und packen diesen aus. Wie angepriesen schaut alles ganz einfach aus. Drucker raus, Stromkabel anstecken, Kabel vom Drucker zum Computer und schon können Sie loslegen. Doch irgendwie funktioniert es nicht. Drei Stunden lang versuchen Sie die Anweisungen in der Anleitung genau zu befolgen, ziehen Freunde zu Rate und versuchen das Gerät zum Laufen zu bekommen – doch letztendlich geben Sie auf. **Wieso haben Sie sich initial für dieses Produkt entschieden? Hat das Produkt sein Versprechen eingehalten und wurde Ihre Erwartungshaltung erfüllt?**

Sie suchen einen neuen Mitarbeiter, der Ihr Team perfekt ergänzen soll: Einen technisch versierten, kreativen Vordenker, der auch verkäuferisches Talent mitbringt. Um möglichst viele potenzielle Kandidaten zu finden, suchen Sie nicht nur online, sondern auch über einen Headhunter und mittels Inseraten in Printmedien um die offene Stelle zu bewerben. Nach nur wenigen Wochen haben Sie fünf sehr spannende Personen in der engeren Auswahl. Nach einer ersten Interviewrunde bleiben jedoch nur mehr zwei Personen übrig. Beide verfügen über hochwertige Referenzen und dasselbe fachliche Know-how. Der kleine Unterschied zwischen den Beiden ist, dass der eine mehr technisches Wissen hat, während der andere in seiner Freizeit ehrenamtlich tätig war. Für Sie zählt jedoch besonders die ehrenamtliche Tätigkeit, welche auf mehr Engagement schließen lassen könnte. Für wen entscheiden Sie sich?

Kommen Ihnen solche Situationen bekannt vor? Stellen Sie sich die Fragen auch hin und wieder? Alle folgenden Situationen und Beispiele bauen auf den Konzepten der Kommunikation und der Informationsaufnahme des Menschen auf. Um dies zu verstehen und daraus valide Schlüsse ziehen zu können, starten wir mit den Grundlagen der Informationsaufnahme.

1.1 Grundlagen der Informationsaufnahme

Besonders ältere Menschen fühlen sich von der Fülle an Angeboten und Informationen heutzutage oft etwas überwältigt, und nicht selten hören wir Sätze wie „Zu unserer Zeit war noch alles viel einfacher". An dieser Aussage ist in der Tat sehr viel Wahres dran. Vor 30 Jahren hatte ein Fernseher einen Einschaltknopf und es gab gerade einmal zwei bis drei Fernsehprogramme. Somit waren das bestehende Angebot und die übermittelte Information vergleichsweise leicht überschaubar. Heute haben wir unverständliche Fernbedienungen mit 300 verschiedenen Funktionen und weltweit tausende Programme, die wir uns über das Internet anschauen können. Eine noch drastischere Entwicklung zeigt die Telekommunikationsbranche auf: Die ersten Handys hatten große Gehäuse und Tastenfelder und lange Antennen. Heute sind es kleine und dünne Multifunktionsgeräte, die früher Unvorstellbares leisten.

Die Herausforderung unserer Zeit und der zukünftigen Generationen wird es sein, die Masse an Informationen zu bündeln und so aufzubereiten, dass sie für den Einzelnen noch verständlich und nutzbar ist. Die Menschheit generiert jedes Jahr mehr und mehr Informationen, doch die Aufnahmefähigkeit wächst nicht in der gleichen Geschwindigkeit mit. Wir beginnen sogar, Informationen zu blockieren, wie beispielsweise die „Bannerblindness" zeigt. Das heißt, dass wir Werbung im Internet nicht mehr sehen, da wir uns auf den Inhalt von Webseiten konzentrieren.

Hintergrundinformation

Fünf Exabyte wurden 2002 innerhalb eines Jahres gespeichert, auf Papier, Film, magnetischen und optischen Speichern. Das entspricht nach Forschern etwa allen Wörtern, die Menschen jemals seit Zeitbeginn gesprochen haben.

Pro Person werden in einem Jahr durchschnittlich 800 Megabyte aufgezeichnete Informationen produziert, dies entspricht – auf Papier festgehalten – etwa zehn Regalmetern Bücher. Rechnen Sie das mal 6,3 Mrd., dann kommen Sie auf die Gesamtmenge der Menschheit. Und diese Zahlen erhöhen sich von Jahr zu Jahr (University of California at Berkeley 2003)!

Von den zehn Millionen Bit Sinneswahrnehmungen (tasten, sehen, hören, riechen, schmecken), die ein Mensch pro Sekunde hat, gelangen nur ca. 16 Bit in das Ultrakurzzeitgedächtnis. Diese 16 Bit pro Sekunde werden hier ca. zehn bis zwanzig Sekunden lang unbewusst gespeichert bevor sie wieder aus unserer Wahrnehmung verschwinden (vgl. Abb. 1.1).

Wir Menschen merken uns nur Dinge, wenn sich in diesen zehn bis zwanzig Sekunden unsere Aufmerksamkeit dieser Information widmet. Von diesen 16 Bit können nun ca. 0,5 bis 0,7 Bit pro Sekunde an das Kurzzeitgedächtnis weitergegeben werden, das über eine Kapazität von etwa sieben Dateneinheiten verfügt (Herczeg 1994, S. 61 f.) Hier bleibt die Information einige Minuten gespeichert, wenn sie keine weitere Aufmerksamkeit erhält. Wenn hier nun die Information wiederholt wird oder sehr wichtig ist, kann sie in das Langzeitgedächtnis übergehen. Hier sorgen vor allem Wiederholung, Emotionen und Verknüpfungen mit verschiedenen Sinneswahrnehmungen dafür, Informationen in das Langzeitgedächtnis überzuführen.

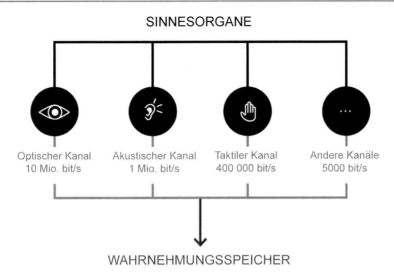

Abb. 1.1 Vgl. Quelle: Schilling: Dialektik/Methodik des Sozialpädagogik 1993

Beispiel

Sehen Sie sich die folgenden Wörter bitte für maximal 20 s an und versuchen Sie sich so viele Wörter wie möglich zu merken:

Chemie Aufmerksamkeit		Tür	nur	Kirche
Idee	Verschiedene	Stoff	Gras	Vater
Meinung	Schraube	Verhalten	Spaziergang	Bis
Ring	Frau	volle	Limit	Kreis

Wie viel konnten Sie sich merken?

Um Informationen zu speichern spielt Aufmerksamkeit eine wichtige Rolle. Aus diesem Grundsatz ergibt sich, dass im Kurzeitgedächtnis durchschnittlich fünf bis neun Einheiten (sieben±zwei) bei bekannten Inhalten gespeichert bleiben und drei bis fünf Einheiten (vier±eins) bei neuen Informationen (Miller 1956; s. Abb. 1.2). Daraus wird in der Informationsaufbereitung die optimale Anzahl von Menüpunkten oder „Bullet Points" abgeleitet.

Wie können Sie sich eine Zahlenkombination merken?

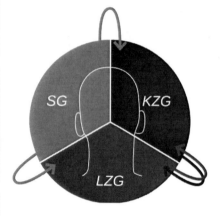

SENSORISCHES GEDÄCHTNIS

Sensorische Information
Hohe Kapazität
Speicherdauer << 1s
Erneuerung/Stimulus

KURZZEITGEDÄCHTNIS

Symbolische Informationen
Geringe Kapazität (7±2 chunks)
Mittlere Speicherdauer (~15min)
Geringe Verarbeitungsleitung

LANGZEITGEDÄCHTNIS

Episodisch, semantische Informationen
Hohe Kapazität
Relativ dauerhafte Speicherung
Langsamer Zugriff

Abb. 1.2 Ein Wahrnehmungs- Reaktions-Zyklus dauert ca. 70 ms. (1/14 s)

1. Indem Sie sie sehr oft wiederholen und immer und immer wieder wiederholen. Dann gelangt diese Information ins Langzeitgedächtnis.
2. Oder Sie verbinden diese Kombination mit einer Emotion oder einem Erlebnis, wie etwa mit dem Geburtsdatum der Freundin oder des Freundes. Auch so können Sie sich eine Information einfacher merken.

Wenn wir unsere Aufmerksamkeit auf eine bestimmte Information richten, werden wir uns diese merken.

Folgende Faktoren aktivieren unsere Aufmerksamkeit (Heineken und Habermann 1994):

- Verfremdung
- Humor
- Übertreibung

- Überraschung
- Auslösen von persönlicher Betroffenheit.

▶ Grundsätzlich gilt: Je mehr Sinnesorgane an der Informationsaufnahme beteiligt sind, desto höher ist die Informationsspeicherung.

Zusammengefasst kann gesagt werden, dass der Mensch die zehn Millionen Bit Sinneswahrnehmungen, mit denen er jede Sekunde konfrontiert wird, nichtaufnehmen kann. Langes Trainieren und Üben optimiert jedoch unsere Aufnahmefähigkeit.

Auf Grund der Informationsüberflutung, mit der wir uns tagtäglich konfrontiert sehen, überrascht es nicht, dass oft Entscheidungen getroffen werden, ohne Details zu hinterfragen. Viele Produkte und Dienstleistungen oder Werbebotschaften werden von Unternehmen so gestaltet, dass sie für uns, den Endkunden, eine Belastung sind, weil sie die begrenzte menschliche Aufnahmefähigkeit nicht berücksichtigen. Belastung heißt in weiterer Folge eine „Nicht-Nutzung" oder Verweigerung der Information und demzufolge im Normalfall eine Verschlechterung der wirtschaftlichen Lage des Unternehmens.

Somit entstehen:

- Produkte, die nicht gebraucht werden
- Unzufriedene Kunden
- Nutzungshürden
- Verwirrende Dienstleistungsprozesse
- Niedrige „Return on Investments"

Schon Albert Einstein sagte:

If you can't explain it simply, you don't understand it well enough.

Demzufolge müssen Produkte und Dienstleistungen benutzerfreundlich (Usability) gestaltet werden, was nichts anderes heißt als eine kundenorientierte Prozessoptimierung für Services, Produkte und Informationen.

Doch wie designen wir nun Information, sodass sie wahrgenommen und akzeptiert wird? Viele Entwicklungen von Produkten und Dienstleistungen orientieren sich hauptsächlich an technischen oder rechtlichen Voraussetzungen, da uns diese oft vorgegeben werden. Beginnen wir jedoch ganz am Anfang.

Welche möglichen Hilfsmittel gibt es, um Informationen zu gestalten? Aus technischer Sicht ist das „Binärsystem" die einfachste Möglichkeit, Informationen zu übermitteln.

Durch unsere begrenzte Speicherkapazität ist es für uns jedoch schwierig, sich Binärzahlenfolgen zu merken und diese dann auch noch zu entschlüsseln. Wissen Sie was Folgendes bedeutet?

0101011101100101011011100110111000100000011001010111001 1001

0000001100101011010010110111001100110011000010110001101 1010

0000100000011101111110010001110010011001010010000001001 0010
1101110011001100110111101110010011011010110000101110100 0110

1001011011110110111001100101011011100010000001111010011 1010

1001000000111011001100101011100100111001101011101000110 010101

1010000110010101101110001011000010000001100100011000010 1101

1100110111000100000011001111110010001100010011001010010 0100000
0110010101110011001000000110101101100101011010010110111 0011
0010100100000010010110110111101101011010110101101101011 011

1001101001011010110110000101110100011010010110111110110 11100

1110011011100000111001001101111011000100110110001100101 0110
1101011001010010000001100001011101010110011000100000011 1010

1011011100111001101100101011100100110010101110010001000 00000001

0101110110010101101100011101000010111000100000010101010 1110

0110110000101100010011010010110110001101001011101000111 1001
0010000000100110001000000101001101101001011011010111000 0011

0110001101001011000110110100101011101000011110010010000 0011010

0001100101011010010101110011011100110111101000010000001 1011100

1101001011000110110100001110100011100110010000001100001 0110
1110011001000110010101110010011001010110110010010110000 10000
0011000010110110001110011001000000100100101101110011001 1001
1011110110010011011010110000101110100011010010110111101 101

1100110010101101110001000000111001101101111001000000110 0001

0111010101100110011110100111010101100010011001010111001 0011
0010101101001011101000110010101101110001011000010000001 1001

0001100001011100110111001100100000011001010111001100100 0000

1100100011001010111001000010000001000101011011100110010 00110

1011011101010110111001100100011001010010000000101111001 0000
0010101010101110011011001010110111000100010000001110110 0110010101

1100100111001101110100011001010110100001110100000101110

Für uns Menschen ist es fast unmöglich, sich dies zu merken, oder haben Sie schon einmal eine Werbung aus Binärzahlen gesehen? Übersetzt: *Wenn es einfach wäre, Informationen zu verstehen, dann gäbe es keine Kommunikationsprobleme auf unserer Welt. Usability & Simplicity heißen nichts anderes, als Informationen so aufzubereiten, dass der Endkunde/User sie versteht.* Die nächste Möglichkeit die Anzahl der Binärzahlen zu minimieren ist, diese im Hexadezimalsystem darzustellen. So können wir uns diese „leichter" merken, da die Zahlenmenge reduziert wird(s. Tab. 1.1). Ein ähnliches Modell ist das der „Eselsbrücke". Mit einer Eselsbrücke versuchen wir Informationen anders, bzw. einfacher darzustellen, zu strukturieren, indem wir uns einen Anker zu etwas Bekanntem setzen.

Nimmt der Mond zu, zeigt er dir ein Du.

Das „D" steht hier für die Rundung des Mondesnach rechts.

Informationskodierungen helfen unserem Kurzzeitgedächtnis, Informationen besser aufzunehmen und abzuspeichern. Wie oft haben Sie hexadezimale Werbung gesehen? Je kleiner die Anzahl der Informationen ist, desto länger und besser können wir uns diese merken.

Die Speicherdauer einer Informationseinheit beträgt beim Menschen ca. 130 s. Wenn diese auf drei Einheiten erhöht wird, beträgt die Dauer für die wir uns diese merken nur noch fünfzehn Sekunden (Preim 1999, S. 183 f.) Die Informationsverarbeitung des Menschen läuft wie folgt ab (Abb. 1.3):

Was ist nun die optimale Form, Informationen zu vermitteln?

Gehen wir wieder zurück zur menschlichen Physiologie. Wenn wir uns ansehen, wie eine Information über die Sinnesorgane aufgenommen wird, können wir einige Rückschlüsse daraus ziehen. Mehr als 80 % der Informationen, die wir aufnehmen, erhalten wir über unsere Augen. Das Speichern und Umwandeln dieser aufgenommenen Bilder erfordert bis zu 60 % unserer Gehirntätigkeit (Gegenfurtner et al. 2003).

Tab. 1.1 Umrechnung von Binär, Hexadezimal Dezimal. http://de.wikipedia.org/wiki/Hexadezimalsystem, 0104.2015

Binär	Hexadezimal	Dezimal
1111 =	F =	15
1,1111 =	1F =	31
11,0111,1100,0101 =	37C5 =	14,277
1010,1100,1101,1100 =	ACDC =	44,252

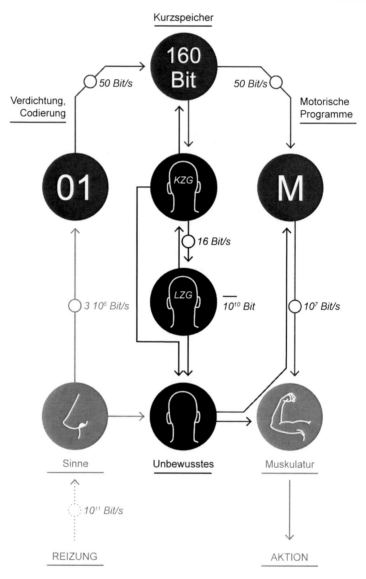

Abb. 1.3 Abbildung: vgl. Verarbeitung im Gehirn nach R. Schorpp

Da unser Auge unser Hauptinformationsträger ist, werden Bilder direkt aufgenommen. Im Gegensatz dazu, ist ein Text eine verschlüsselte Information, welche wir mühsam im Kindesalter zu dekodieren erlernen müssen. Ein Bild, eine Mimik oder Gestik kann weltweitwahrgenommen und gedeutet werden, selbst wenn die dazugehörige Bedeutung aufgrund kultureller Unterschiede variieren kann.

Unsere Sprache, im Gegenzug, ist ein grundsätzliches menschliches Hörerlebnis und schon in Urzeiten haben wir uns über unsere Sprache und gemerkte Laute ausgetauscht und kommuniziert. Hier unterscheiden wir jedoch noch nicht zwischen den verschiedenen Sprachen und auch die Schrift, die Enkodierung von Sprache in Text, entwickelte sich erst viel später.

Physiologisch unterstützt die Wichtigkeit von Bildern zusätzlich, dass unser visuelles Zentrum im Hirn mit weiteren Hirnregionen verknüpft ist. Somit kann ein Bild eines Sonnenaufganges verschiedenste Gefühle und Informationen in uns ansprechen. Bitte stellen Sie sich jetzt einen wunderschönen morgendlichen Sonnenaufgang vor!

wunderschöner morgendlicher Sonnenaufgang (s. Abb. 1.4)

Was sehen Sie? Was fühlen Sie? Mit welchen Erinnerungen verbinden Sie ihn? Jeder Mensch hat andere Erinnerungen und Empfindungen, da verschiedenste Erlebnisse, Kenntnisse und Verbindungen zu einem Sonnenaufgang aufgebaut wurden. Werden diese Empfindungen von einem Bild ausgelöst, kann die Wirkung des Bildes um das Zehnfache verstärkt werden (Scheier und Held 2007).

Abb. 1.4 Sonnenaufgang

Abb. 1.5 http://galerie.designnation.de/bild/24845

Was sehen Sie jetzt? Was fühlen Sie jetzt? Mit welchen Erinnerungen verbinden Sie diesen Sonnenaufgang? Bilder haben in der Aufbereitung von Information eine ausschlaggebende Rolle dafür, ob Informationen von Kunden schneller oder langsamer verstanden und aufgenommen werden. Unter anderem aus diesem Grund werden vor allem Grafiken und Bilder bzw. eine Bildsprache in verschiedene Produkte integriert. Werbung basiert hauptsächlich auf Bildsprache, da diese schnell von unserem Gehirn aufgenommen wird. Bilder übermitteln in der Werbung Emotionen. Mit Text wird zusätzlich eine Botschaft in Verbindung gesetzt. Somit kann komplexe Information viel direkter vermittelt werden (vgl. Abb. 1.5).

Beobachten Sie einmal in Ihrem Umfeld, wo überall Bilder eingesetzt werden? Wo werden keine Bilder eingesetzt? Wieso werden dort keine Bilder eingesetzt? Nun kommen wir einer optimaleren Informationsaufbereitung schon näher. Wie sieht jedoch eine gehirngerechte Aufbereitung aus?

1.2 Gehirngerechte Information

Durch den enormen Informationszuwachs in unserer Gesellschaft ist es eine logische Schlussfolgerung, dass unsere Zukunft immer komplexer wird. Tag für Tag gibt es mehr Informationen und Herausforderungen, die wir bewältigen müssen. Kunden werden viele Informationen nicht mehr aufnehmen oder verstehen, da sich die Halbwertszeit von Informationen – gefühlt – von Jahr zu Jahr halbiert. Es wird immer schwieriger, den Umfang der Technik und der Funktionalitäten zu verstehen. Daher wird es auch immer schwieriger, aus der zur Verfügung stehenden Produktvielfalt auszuwählen und Produkte miteinander zu vergleichen.

Oft bekomme ich die Frage gestellt, welcher der beste Laptop derzeit ist. Ist die Frage leicht zu beantworten? Wenn man sich nicht damit beschäftigt und die Prozessoren und Details nicht kennt, kann man das nur schwer sagen. Ich möchte kurz versuchen, es zu vereinfachen. Diese Frage bekomme ich meist von Personen gestellt, die Office-Produkte benötigen, im Internet surfen und Nachrichten schreiben. Wenn wir diese Anforderungen kennen und mit den technischen Leistungen aktueller Laptops vergleichen, kann man ruhigen Gewissens sagen, dass jeder Laptop, den man am Markt neu kaufen kann, geeignet ist. War die Antwort schwer?

Die Vereinfachung von Informationen wird eine Notwendigkeit unseres täglichen Lebens werden. Ich möchte einen Weg zeigen, wie wir der Informationsüberflutung selbst ein wenig entgegenwirken können. Ich zeige Ihnen wie man **Informationen** für den Endkunden intuitiv aufnehmbar, einfach und emotional = **gehirngerecht** gestalte. Informationen haben immer ein Ende, denn eine Information besteht nur aus Bits und Bytes. Emotionen entstehen erst in unseren Köpfen und erst durch Emotionen entwickelt sich in uns Interesse für eine bestimmte Sache. Aus diesem Grund müssen Information entweder:

1. **Einfach sein!**
   … sodass Personen sie sofort aufnehmen und verstehen können. Dies ist vor allem bei Produkten und Prozessen, bei Dienstleistungen und im Arbeitsalltag wichtig, denn hier muss effizient und schnell gearbeitet werden. Benutzerhürden sorgen aber für Ineffizienz. Auch in der Werbung ist Einfachheit essentiell. Die Information muss innerhalb von Sekunden von der Zielgruppe aufgenommen und verstanden werden. Oder:

2. **Emotional sein**
   … sodass Personen angesprochen und motiviert werden. Hier kommen wir zum Marketing, zur Werbung aber auch zum Design von Informationen. Der erste Eindruck ist für Kaufentscheidungen entscheidend. Sobald Personen emotional erreicht werden sollen, muss die Information „einfach" oder auch direkt aufnehmbar sein. Hier kommen wir zu.

3. einfach und emotional!

An dieser Stelle muss ich Sie auf einen wichtigen Punkt aufmerksam machen: **Wir können bei anderen Personen keine Emotionen und kein direktes Interesse an unseren Informationen wecken.** Dieses Interesse kommt immer von der Person selbst. Deswegen können wir nur **Voraussetzungen schaffen**, um Emotionen und Interesse zu wecken.

- Wenn Ihnen auf Facebook ein Verlobungsring angeboten wird, Sie aber Single sind, wird Sie diese Werbung kaum interessieren.
- Bekommen Sie einen Newsletter, der nicht in Ihr Interessensgebiet passt, werden Sie diesen wahrscheinlich löschen, noch bevor Sie die gesamte „Betreff"-Zeile gelesen haben oder, falls Sie ihn doch öffnen, sich sofort abmelden.

Durch Einfachheit in Prozessen und durch Emotionalität entsteht in uns Motivation oder in vielen Fällen zumindest keine Demotivation und die dazu gehörige Informationsblindheit. Wenn Menschen kein Interesse an einer Tätigkeit, keine Motivation haben, werden sie auch keine persönliche oder berufliche Weiterentwicklung und keinen Erfolg erzielen.

Denn nur durch Motivation und Interesse arbeitet unser Gehirn.

Wir arbeiten, denken, sind kreativ und erarbeiten Lösungsvorschläge für tägliche Situationen oder für berufliche Anwendungsfälle.

„Wir alle sind lernfähig, aber unbelehrbar;
wir alle lernen nicht, wenn wir lernen sollen,
sondern wenn wir lernen wollen;
wir ändern unser Verhalten nur dann,
wenn wir uns ändern wollen und wenn
Veranlassung dazu besteht."
Horst Siebert

GEHIRNGRECHTE Information heißt:

EINFACH   Im Kontext der Erfahrung und der Aufgabe auf das Wesentliche reduzieren, sodass wir die Information schnell verarbeiten können. (Usability)

Oder

EMOTIONAL   Verbindungen schaffen, sodass wir uns Informationen leichter merken und diese ins Langzeitgedächtnis aufgenommen werden. (Experience)

Wenn wir beide Bereiche verbinden sprechen wir von der „User Experience" oder „Customer Experience" von Produkten, Dienstleistungen oder auch gesamten Unternehmen, wenn diese Begrifflichkeiten in die Strategie mit aufgenommen werden. Hier möchte ich einhaken und die Begrifflichkeiten erklären sowie die Unterscheidungen ausarbeiten. Dies ist notwendig um die Zusammenhänge zwischen und Verknüpfungen unter den einzelnen Themengebieten zu verstehen. Daraus leiten sich in der Wirtschaft auch eigene Jobprofile ab.

1.3 Usability versus User Experience

Die Usability beschäftigt sich gemäß ihrer Definition damit, dass **Produkte** effizient, effektiv und zur Zufriedenheit des Kunden entwickelt werden. Diese drei Eigenschaften sollten jedoch nicht nur auf Produkte sondern auch auf Services und Prozesse angewandt werden, um Gesamterlebnisse zu gestalten.

Die User Experience nimmt sich dem an und in der Entwicklung alle Kundenprozesse vor und nach einer Produktverwendung in die Konzeption mit auf (vgl. Abb. 1.6). Die User Experience beinhaltet sehr viele Arbeitsbereiche. Würden Sie mich fragen, würde ich die User Experience mit folgenden Themen beschreiben: Definition, Verstehen, Kommunikation.

Ich unterteile User Experience von Produkten und Prozessen in die Definitionsphase, in den Kommunikationsbereich und in das Verstehen. Produkte und Dienstleistungen dürfen nicht einfach nur „OK" sein, sie sollen dem Benutzer auch ein Erlebnis bringen. Dazu gehören das „Design" und das „Gefühl" vor, während und nach einer Interaktion mit einem Produkt oder einer Dienstleistung.

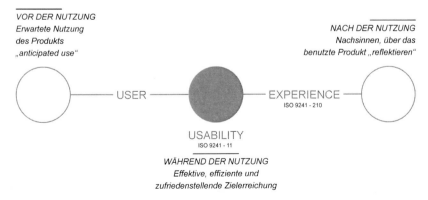

Abb. 1.6 Definition von Usability & User Experience

Beispiel: Der Kauf von einem Blumenstrauß zum Muttertag. Die Usability betrifft auf der Webseite alle Prozesse, vom Surfen und Suchen bis hin zum Kaufprozess, wenn der Kaufen-Button geklickt wird. Die User Experience beschäftigt
sich zusätzlich mit den Prozessen davor und danach. Gibt es einen Flyer, der auf
die Webseite verweist? Wie ist der Erstkontakt in einer Filiale, die auf die Webseite
verweist? Gibt es Marketingaktionen, die eine Onlineaktion triggern? Die User
Experience beschäftigt sich mit allen Prozessen bis hin zum Versand und der Verpackung, bis das Produkt bei Ihnen zuhause ankommt. Erst danach ist der Prozess
des Kaufes von z. B. Blumen abgeschlossen.

Alle Themengebiete und Bereiche fließen in die User Experience mit ein und
beeinflussen diese (s. Abb. 1.7). Somit ist die User Experience, wie wir sehen, ein
sehr breites Feld. Wenn wir diese nun mit der Customer Experience vergleichen,
sehen wir, dass diese noch holistischer aufgestellt ist.

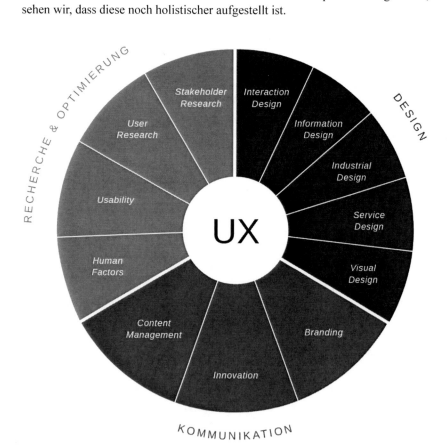

Abb. 1.7 Bereiche der User Experience

1.4   **Customer Experience**

Die Customer Experience geht einen Schritt weiter. Hier werden alle „Touch Points" (Schnittstellen) zwischen einem Unternehmen und seinen Kunden verwaltet und zusammengeführt. Im Vergleich zur User Experience kommen im Customer Experience Management auch interne Prozesse dazu. Wenn Mitarbeiter kundenorientiert denken und Informationen richtig aufbereiten sowie die Philosophie der Customer Experience mittragen, können sie den Kunden auch richtig bedienen.

Um Erlebnisse zu schaffen, müssen jedem Mitarbeiter gewisse Regeln, aber auch Freiheiten gegeben werden, um beim Kontakt zum Kunden bei unüblichen Interaktionen oder im Beschwerdefall richtig handeln zu können. Mitarbeiter ohne direkten Kundenkontakt sind ebenfalls eine große Zielgruppe hinsichtlich der Customer Experience. Diese sind durch Kontakte mit Bekannten, Verwandten und Freunden erste Träger einer Philosophie und Wertehaltung Ihres Unternehmens. Positive Empfehlungen stellen eine wichtige Grundlage des Unternehmens dar.

Ein Servicemitarbeiter mit direktem Kontakt zum Endkunden muss nach klaren Regeln vorgehen, sollte aber unbedingt in seinem Regelwerk Freiheiten erhalten, innerhalb derer er agieren kann.

Beispiel

Angenommen Sie erhalten ein Leihgerät, das sie kostenlos zur Verfügung gestellt bekommen, weil Sie eine große Menge von Produkten abnehmen werden. Leider ist das Gerät zum Teil kaputt und sorgt für viel Unmut in Ihrem Team. Sie rufen den Kundenservice an und geben eine Beschwerde auf. Als Entschädigung wird Ihnen ein kostenloses neues Leihsystem für Ihr Unternehmen angeboten. Ihr Problem ist jedoch, dass Sie durch Ihren hohen Umsatz die Maschinen schon kostenlos erhalten. Trotz dieser Situation kann das Serviceteam nichts tun und entschuldigt sich dafür. Sie sind nun verärgert, da Sie nicht nur eine kaputte Maschine geliefert bekommen haben, sondern darüber hinaus als Reaktion auf Ihre Beschwerde nichts getan wurde. Die Unternehmensregeln sehen keine anderen Möglichkeiten der Entschädigung vor. Sie werden nun nicht nur davon absehen, in Zukunft von dieser Firma zu kaufen, sondern diese Erfahrung auch immer wieder mit Bekannten und Freunden teilen.

Serviceprozesse mit all ihren möglichen Situationen zu designen und abzuwickeln, um die Loyalität zu steigern, ist eine Aufgabe des Customer Experience Managements. Was wäre gewesen, wenn das Serviceteam schon von Beginn an eine Möglichkeit gehabt hätte, Ihnen eine andere ansprechende Lösung anzubieten? Wahrscheinlich hätte eine Kleinigkeit gereicht, um den Unmut in ein Erlebnis umzuwandeln, wenn Ihre Bedürfnisse und Anliegen gehört worden wären.

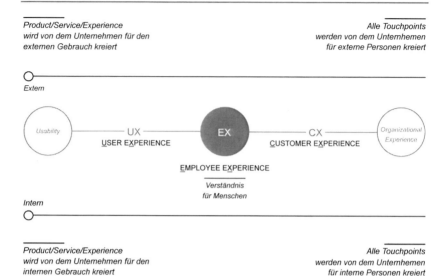

Abb. 1.8 Abbildung: Usability, User Experience, Customer Experience

Den gesamten Zusammenhang zwischen User Experience und Customer Experience verdeutlicht Abb. 1.8.

Produkte (Usability), Prozesse & Services (User Experience) und alle Schnittstellen sind Bereiche der Customer Experience, die **effizient und effektiv mit Zufriedenheit** gestaltet werden müssen. Die ausschlaggebenden Schnittstellen (auch „Moments of Truth" genannt) müssen Erlebnisse auslösen. Aus diesem Grund heißt es auch Customer **Experience**. Diese beginnt bei der richtigen Unternehmenskommunikation und reicht bis zur Bedienungsanleitung eines Schraubenziehers. Das Managen dieser Schnittstellen, Prozesse und Erlebnisse, abgestimmt mit dem Branding des Unternehmens sowie zusätzlichen Maßnahmen und Kontrollberichten, nennt man Customer Experience Management.

Hinsichtlich der Organisationsstruktur und der holistischen Sichtweise ist die Usability der kleinste Bereich und die Customer Experience die umfassendste Thematik (s. Abb. 1.9 links). Im operativen Bereich ist die Usability die aufwändigste und größte Thematik, da alle Schnittstellen eines Unternehmens nach den Kriterien Effizienz, Effektivität und Zufriedenheit design und optimiert werden müssen. Die Customer Experience ist das Managen aller Usability- und User-Experience-Maßnahmen im Unternehmen (vgl. Abb. 1.9 rechts).

Zusammengefasst können die Arbeitsbereiche der einzelnen Themen wie folgt definiert werden:

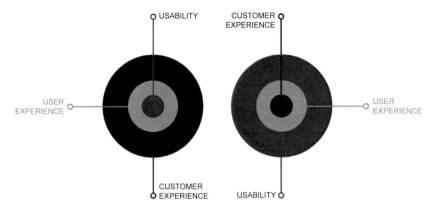

Abb. 1.9 Aufwandsverteilung zwischen Usability, UserExperience und Customer Experience

1.4.1 Usability

fokussiert auf:

- Objektivität
- Instrumentelle Qualität
- Aufgaben des Nutzers
- Arbeitsoptimierte Prozessgestaltung beim Produkt
- Die Reduktion von Stress
- Das Beseitigen von Barrieren

1.4.2 User Experience

fokussiert auf:

- Verbesserung des subjektiven Erlebens (Freude, Spaß,
- Attraktivität …) eines Produktes
- Wahrgenommene/subjektive Qualität (Konsequenzen)
- Weiterentwicklungen/Trendforschung
- Herausforderung und Neuartigkeit
- Arbeitsoptimierte Prozessgestaltung bei Produkt und Services online und offline

1.4.3 Customer Experience

fokussiert auf:

- Strategievorgabe aller User-Experience-Maßnahmen
- Managen aller User-Experience-Maßnahmen
- Abstimmung zwischen Produkten, Services und Branding
- User Experience im Marketing
- Ausrichtung von internen Prozessen
- Controlling aller Experience-Maßnahmen

Ein Stichwort, das in diesem Zusammenhang immer wieder zu hören ist, ist **Design Thinking.**
Was ist Design Thinking?
Design Thinking ist eine Grundeinstellung und Methodik, um kundenorientiert entwickeln zu können und zu gestalten. Sobald Sie ein Produkt oder eine Dienstleistung planen, müssen sie zuerst das Ziel verstehen, den Kunden beobachten, die Ergebnisse komprimieren (Synthese), daraus Ideen entwickeln und daraus iterativ Prototypen entwickeln und testen (s. Abb. 1.10).
Die Detailausarbeitung von Konzepten und das Design von Produkten und Dienstleistungen ist in der Grunddefinition von Design Thinking nicht inbegriffen. Dies ist aber ein wesentlicher Part in der User Experience und dem User-Centered-Design-Prozess.
Was heißt das nun für uns?
Wir sind alle „Design Thinker", sobald wir Benutzer in den Entwicklungsprozess integrieren und einen
kundenorientierten Prozess
verfolgen.

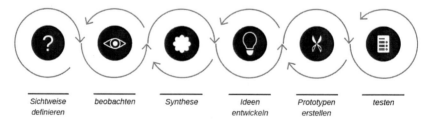

| Sichtweise definieren | beobachten | Synthese | Ideen entwickeln | Prototypen erstellen | testen |

Abb. 1.10 Service Design Prozess

Dies löst noch nicht unsere Probleme:

- Wie gehe ich vor?
- Wie vereinfache ich?
- Wie schaffe ich Erlebnisse?

Wir starten nun mit der Benutzerfreundlichkeit, der Vereinfachung von Produkten und Services.

1.5 Das Verständnis von Einfachheit

Laut Begriffsdefinition heißt Usability: „Benutzerfreundlichkeit/Gebrauchstauglichkeit"

Gebrauchstauglichkeit *„Das Ausmaß, in dem ein Produkt durch bestimmte Benutzer in einem bestimmten Nutzungskontext genutzt werden kann, um bestimmte Ziele* **effektiv, effizient und zufriedenstellend** *zu erreichen"* (DIN EN ISO 9241-110 1998, S. 4).

Von **Effektivität** spricht man, wenn durch ein Produkt oder einen Prozess ein bestimmtes Ziel erreicht werden kann. Wenn ich in einem Shop Produkte auswählen und anschauen kann, aber den Check Out Prozess nicht durchlaufen kann, da die Formularfelder dies aus bestimmten Gründen nicht zulassen, ist ein Shop nicht effektiv.

Die Effizienz beschreibt, wie gut oder schlecht das Ziel erreicht werden kann. Die Effizienz gibt sozusagen den Aufwand für den Benutzer an. Bleiben wir bei einem Shop: Wenn ein Kaufprozess über zehn Schritte geht, aber eigentlich nur drei erforderlich wären, ist der Prozess ineffizient. Wahrscheinlich werden viele Personen vor dem Kauf abbrechen.

Die Zufriedenheit ist immer ein subjektiver Zustand des Endkunden. Macht es Spaß, einen Shop zu benutzen, oder ist es eher frustrierend. Für die Zufriedenheit spielen sehr viele Eigenschaften eine Rolle.

Zusammengefasst und auf den Punkt gebracht:

Effektiv = Das Ziel erreichen können
Effizient = Auf dem kürzesten Weg ohne Benutzerhürden
Zufriedenheit = Mit einem Lächeln
Usability = Das Ziel schnell mit einem Lächeln erreichen.

Für alle, denen diese Begriffsdefinition zu allgemein ist, gibt es auch noch die entsprechende ISO-Norm mit einer genaueren Beschreibung:

„EN ISO 9241-110 Grundsätze der Dialoggestaltung
Benutzungsschnittstellen von interaktiven Systemen, wie Webseiten, Geräte
oder Software, sollten vom Benutzer leicht zu bedienen sein. Der Teil 110 der DIN
EN ISO 9241 beschreibt folgende Grundsätze für die Gestaltung und Bewertung
einer Schnittstelle zwischen Benutzer und System (Dialoggestaltung):

- **Aufgabenangemessenheit** – geeignete Funktionalität, Minimierung unnötiger
  Interaktionen
- **Selbstbeschreibungsfähigkeit** – Verständlichkeit durch Hilfen/Rückmeldungen
- **Lernförderlichkeit** – Anleitung des Benutzers, Verwendung geeigneter Metaphern, Ziel: minimale Lernzeit
- **Steuerbarkeit** – Steuerung des Dialogs durch den Benutzer
- **Erwartungskonformität** – Konsistenz, Anpassung an das Benutzermodell
- **Individualisierbarkeit** – Anpassbarkeit an Benutzer und an seinen Arbeitskontext
- **Fehlertoleranz** – Die Funktionsweise des Systems auch bei unvorhergesehenen Fehlern aufrechterhalten" (ISO_9241-11 Anforderungen an die Gebrauchstauglichkeit).

Sind diese Prinzipien für Sie verständlich? Dies sind sehr generische Angaben,
da es keine optimale Dialoggestaltung für verschiedenste Produkte und Dienstleistungen gibt. Es gibt unterschiedliche Anforderungen, Zielgruppen und Unternehmensphilosophien. Deswegen funktioniert nicht jedes Produkt gleich und die
Prozesse sind bei Dienstleistungen unterschiedlich. Wenn diese Prinzipien der Dialoggestaltung eingehalten werden, kann ein Produkt als einfach und intuitiv wahrgenommen werden. Benutzerfreundlich heißt, mit Ihren persönlichen Kenntnissen
etwas schnell und einfach bedienen zu können.

Wenn Sie Arzt sind und eine Krankenhaussoftware schnell verstehen, ist diese
für Sie benutzerfreundlich. Wenn ich als Mechaniker diese Software nicht verstehe, heißt das nicht, dass die Software nicht intuitiv ist. Sie ist für mich nicht
verständlich, da ich als Mechaniker auch nicht zur Zielgruppe gehöre.

Ich habe noch keine Bedienungsanleitung für einen Fernseher gelesen, die benutzerfreundlich war. Bin ich deswegen weniger intelligent? Fernseher und deren
Anleitungen sollten für die Allgemeinheit produziert werden, nicht für eine spezifische Zielgruppe. Da hier eine sehr breite Zielgruppe angesprochen wird, ist es
schwierig, eine allgemein verständliche Anleitung zu schreiben oder eine intuitive
Bedienung zu gestalten.

Ein Produkt ist benutzerfreundlich, wenn es für eine bestimmte Benutzergruppe
verständlich ist und intuitiv bedient werden kann. Sobald ich etwas für eine eng

definierte Zielgruppe gestalte, muss zusätzlich der Kontext des Produktes oder der Dienstleistung in Betracht gezogen werden. Baue ich ein Rennauto für Gebirgsstraßen oder für eine Rennbahn. Beide sehen sehr unterschiedlich aus, haben aber dieselbe Zielgruppe nämlich den Rennfahrer.

Entwerfe ich ein mobiles Produkt, das in Extremsituationen wie etwa in einem Notfallkrankenwagen genutzt wird, befasse ich mich mit einem anderen Kontext, als wenn ich ein Produkt für eine Person designe, die den ganzen Tag vor dem Computer sitzt. Somit tritt durch den Kontext eine zusätzliche Anforderung an uns heran. Dies sind alles Bereiche, die bei der Gestaltung von einfachen Produkten und Dienstleistungen zu beachten sind.

Jeder von uns hat verschiedene Vorkenntnisse und eine individuelle Aufnahmefähigkeit. Doch gibt es verschiedene Regeln, um Produkte intuitiv zu gestalten, da Zielgruppen meist dieselben Grundvoraussetzungen als Mensch haben. Wir sind alle mit ähnlichen Eigenschaften ausgestattet. Einen Binärcode zu entziffern ist für die meisten von uns wohl unmöglich. Einen Sonnenuntergang werden sehr viele verstehen und interpretieren können. Hier kann es aber schon zu unterschiedlichen Bewertungen kommen.

Usability oder auch Benutzerfreundlichkeit wird vor allem in verschiedenen Produkt- und Prozessentwicklungen falsch verstanden. Usability heißt nicht, Usability-Tests durchzuführen und somit ein Produkt mit einem Schlag optimal zu gestalten. Benutzerfreundlich zu sein, ist ein Weg der gegangen werden muss. Beginnend bei einer Kundenanalyse, über gemeinsame iterative (wiederholende) Konzeptentwicklungsphasen, bis hin zu verschiedenen Testing-Möglichkeiten. Usability Testing ist die bekannteste Methodik, jedoch nicht die Einzige.

Der in Abb. 1.11 dargestellte kundenorientierte Entwicklungsprozess nach DIN EN *ISO* 9241-210 beginnt bei der Identifizierung der Bedürfnisse, definiert den Kontext der Bedienung, spezifiziert in einem weiteren Schritt die Anforderungen an ein Produkt und geht danach in die Konzeption. Nach der Evaluationsphase wird iterativ, je nach Ergebnis, wieder in einer der drei vorherigen Prozessstufen begonnen, solange, bis ein Produkt erarbeitet ist, das die definierten Ziele erreicht.

Usability besteht aus folgenden Kriterien:

* Die Bedürfnisse verstehen
* Die Arbeitsschritte nachvollziehen
* Den Kontext verstehen
* Kundenanforderungen spezifizieren
* Konzepte und Designs umsetzen
* Diese evaluieren und testen

Usability wird jedoch oft mit „benutzbar" verwechselt oder interpretiert.

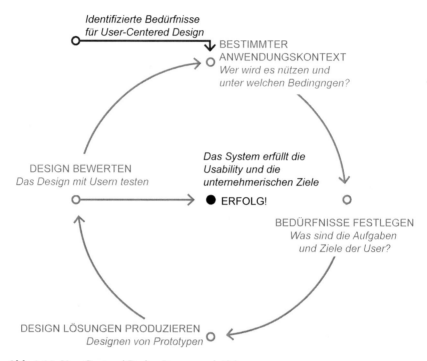

Abb. 1.11 User Centered Design Prozess nach ISO

1.6   Usable versus Usability

Benutzbar versus Benutzerfreundlich

Beispiel

Sie bauen ein Haus und lassen es von einem Architekten planen. Natürlich geben Sie alle Wünsche und Bedürfnisse der ganzen Familie bekannt, die Sie im Vorhinein eingeholt haben. Sorgfältig wie Sie sind, geben Sie alle Details und Räumlichkeiten zwei bis dreimal bekannt. Der Architekt beginnt das Haus zu planen, es passt alles. Sie geben den Start für den Rohbau. Nach langen, stressvollen Monaten am Bau ist der erste Teil des Hauses abgeschlossen. Sie sind überglücklich über das Produkt und bringen zum ersten Mal Ihre Familie mit zu Ihrem neuen Traumhaus. Es dauert nicht lange, und es kommen die ersten Fragen: „Haben wir auch ein eigenes Bad? Wo hat denn mein Schrank Platz? Ist die Küche wirklich nur so klein, auf dem Plan hat sie viel größer ausgesehen. Im Keller fehlt ein Raum für unsere Fitnessgeräte." Waren die Bedürfnisse ihrer Familie, die Sie eingeholt haben ernst gemeint? Enttäuscht vom Feedback möchten Sie nun noch das Beste daraus machen, denn für einen großen Umbau ist kein Budget mehr vorhanden. Eine Wand dort rausgerissen, ein Raum dort vergrößert, aber mehr ist leider nicht möglich. Nach weiteren sechs Monaten zieht die Familie ins Haus ein. Sie können darin leben, doch glücklich werden Sie nicht. Nachdem zwei Jahre später ein weiteres Kind das Licht der Welt erblickt hat, verkaufen Sie das Haus und ziehen in ein neues. Den Rest des Lebens müssen Sie auf viele Dinge verzichten, da zu Beginn des Bauprojekts nicht alle Familienmitglieder ausreichend genau und vollständig ihre Wünsche und Änderungen einbringen konnten oder wollten. Im alltäglichen Leben verändern sich Situationen, oder es gibt Anforderungen, an die nicht gedacht wurde. Erst beim Bezug des neuen Hauses kamen die Ideen und Überlegungen.

Dasselbe passiert bei der Entwicklung von Produkten und Dienstleistungen. Der Endkunde wird erst viel zu spät mit eingebunden, oder es werden ihm die falschen Fragen gestellt, sodass später dann große Änderungen nötig sind. Trotz der Kundeneinbindung und der Feedbacks von Kunden, die zu spät eingeholt werden, können dann keine Wunder mehr vollbracht werden (vgl. Abb. 1.12).

STUDIE Ein Hauptziel effektiver Usability-Prozesse ist, die Entwicklungszeit eines Softwareproduktes zu beschleunigen. Eine Verzögerung der Markteinführung um 25 %, kann zu einem Gewinnverlust von bis zu 50 % führen (Karat 1994).

STUDIE Noch immer gültige Daumenregel für die Cost-Benefit-Ratio 1-10-100: Sobald ein Produkt in der Umsetzungsphase ist, kostet die Beseitigung eines Problems zehnmal mehr als in der Entwurfsphase. Wenn das Endprodukt schon vorliegt und bereits in den Verkauf gegangen ist, muss man sogar mit einer hundertfachen Kostensteigerung rechnen (Gilb 2005).

Usability heißt nicht, ein fast fertiges Produkt zu überarbeiten und es somit benutzerfreundlich zu machen, weil die Neuentwicklungskosten zu hoch wären. Kleine Änderungen sind oft nur ein Tropfen auf den heißen Stein. Ist ein Grundkonzept nicht auf die Kunden abgestimmt, oder sind Kernprozesse falsch definiert, sind Änderungen wirtschaftlich extrem kostenintensiv. Wir können etwas benutzbar machen, es ist aber nicht benutzerfreundlich. Ein Produkt benutzbar zu gestalten heißt 20 % Aufwand zu investieren, wobei ein benutzerfreundliches Produkt 80 % Aufwand bedeutet, da viel mehr Zeit in den Bereich User Research und iterative Entwicklung gesteckt werden muss (s. Abb. 1.13). Hier können auch innovative und sehr intuitive Produkte und Prozesse entstehen.

Usability Aktivitäten helfen
nachträgliche Änderungen zu vermeiden.
Meistens sind diese dann zu teuer oder es ist zu spät...

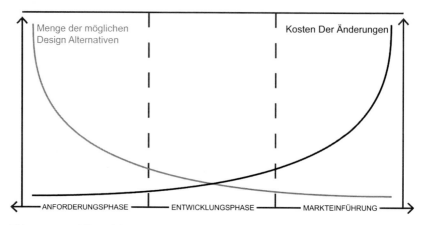

Abb. 1.12 Usability Aktivitäten sparen Geld

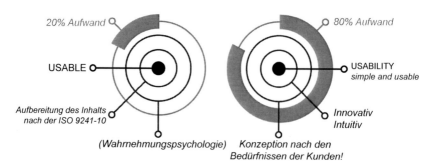

Abb. 1.13 Usable versus Usability

Wir können ein Produkt benutzbar gestalten, so dass es bedienbar wird, aber das heißt nicht, dass es auch benutzerfreundlich ist.

▶ **Definition** Denn Benutzerfreundlichkeit heißt:
Effektiv, effizient und mit Zufriedenheit.

Beispiel: Das Haus der Verrückten in Asterix und Obelix ist benutzbar (effektiv richtig), denn überall sind Wegweiser aufgestellt und es gibt immer einen klaren

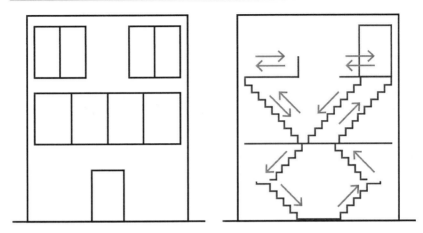

Abb. 1.14 Das Haus der Verrückten

Weg zum nächsten Amtszimmer (vgl. Abb. 1.14). Aber ist es auch effizient und sind Asterix und Obelix glücklich/zufrieden? (Asterix 2006) Nein, denn die Beiden sind knapp vor dem Geisteszusammenbruch. Kennen Sie diese Situation?

Somit ist es *irgendwie* „benutzbar" aber nicht „benutzerfreundlich" Usability besteht aus viel mehr als nur dem visuellen Design der Oberfläche. Optimiert man nur das visuelle Design (die Spitze des Eisberges) ist das Produkt nutzbar – um es benutzerfreundlich zu gestalten, muss jedoch der gesamte Berg (System) neu gestaltet werden (s. Abb. 1.15).

Die größten Herausforderungen und Aufwände liegen in der optimalen Gestaltung von Prozessen aufgrund des Nutzungskontextes. Sollen neue, innovative Produkte entwickelt werden, ist ebenso der Nutzungskontext zu evaluieren und zu konzipieren, um diese Produkte erfolgreich am Markt zu platzieren.

Viele Studien zeigen uns, dass es sehr viele Ideen gibt, jedoch davon immer nur ein einstelliger Prozentsatz umgesetzt wird und auch zum Erfolg führt (s. Abb. 1.16). Um die Wahrscheinlichkeit zu erhöhen ist ein

kundenorientierter Entwicklungsprozess

unumgänglich. Bevor Sie ein Produkt entwickeln, eine neue Dienstleistung planen, überlegen Sie sich, ob Sie ein **benutzbares** Produkt oder ein **benutzerfreundliches** Produkt haben wollen. Wenn es Ihnen gelingt, ein benutzerfreundliches Produkt zu entwickeln, das auch noch emotional ist, haben Sie ihr Ziel erreicht. Von der Idee bis zur Umsetzung wird sich die Erfolgsrate und Akzeptanz beim Kunden eindeutig verbessern.

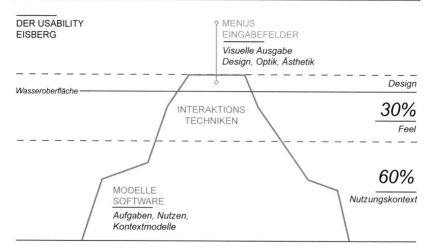

Abb. 1.15 Der Usability Eisberg

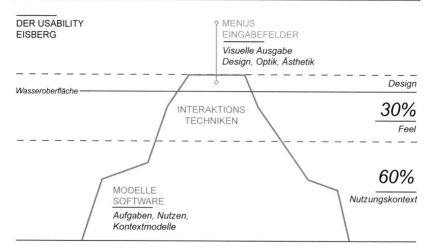

		Jede 2000. Idee ist erfolgreich! Quelle: IDEO	Jede 157. Idee ist erfolgreich! Quelle: Kienbaum	Jede 3000. Idee ist erfolgreich! Quelle: IRI
IDEEN		4.000	1.919	3.000
		100%	100%	100%
PROJEKTE		230	369	125
		5,7%	19%	4,2%
PRODUKTE		12	52	2
		0,3%	2,7%	0,07%
ERFOLGE		2	11	1
		0,05%	0,57%	0,03%

Abb. 1.16 Von der Idee zum erfolgreichen Produkt

Im zweiten Kapitel werde ich Ihnen eine grobe Struktur geben, wie Sie einen optimalen Prozess zur benutzerfreundlichen Produktentwicklung starten können.

- Der emotionale Teil folgt danach.
- Der innovative Teil folgt auf den emotionalen Teil.

Literatur

Asterix. 5. Mai 2006. © Deutsches Asterix Archiv 1998–2015, Zeichnungen: Albert Uderzo & Didier Conrad – © Les Editions ALBERT-RENÉ, GOSCINNY-UDERZO, Letzte Aktualisierung dieses Eintrages.

DIN EN ISO 9241-110. 1998. *Ergonomie der Mensch-System-Interaktion.*

Gegenfurtner, Karl R. 2003. *Gehirn & Wahrnehmung.* Frankfurt a. M.: Fischer Taschenbuchverlag (2. Aufl. 2004).

Gilb. 2005. Gilb, 1988; IBM, 2001. *zit. n. Marcus.*

Heineken, E., und T. Habermann. 1994. *Lernpsychologie für den beruflichen Alltag.* Heidelberg: Sauer.

Herczeg, M. 1994. *Software-Ergonomie: Grundlagen der Mensch-Computer-Kommunikation.* Bonn: Addison-Wesley Verlag. (ISBN 3-89319-615-3).

ISO_9241-11. Die neue DIN EN ISO 9241 – 110 „Grundsätze der Dialoggestaltung" (01. April.2006).

Karat, C.-M. 1994. A business case approach to usability cost justification. In *Cost-justifying usability,* Hrsg. R. Bias und D. Mayhew, 45–70. Academic.

Miller, G. A. 1956. The magical number seven, plus or minus two: Some limits on our capacity for processing information. *Psychological Review* 63 (2): 81–97.

Preim, Bernhard. 1999. *Entwicklung interaktiver Systeme: Grundlagen, Fallbeispiele und innovative Anwendungsfelder (Springer-Lehrbuch) Taschenbuch – 25. Juni 1999.*

Scheier, C., und D. Held. 2006. *Wie Werbung wirkt.* München: Haufe Fachbuch.

Siebert, H. 1998. in SchulVisionen. Voß, R. *Theorie und Praxis systemisch-konstruktivistischer Pädagogik.* Heidelberg.

University of California, Berkeley. 2003. How much information? 2003. http://www.sims.berkeley.edu/research/projects/how-much-info-2003/execsum.htm. Zugegriffen: 17. März 2005.

Der Weg zur Einfachheit – Benutzerfreundlichkeit in der Service- und Produktentwicklung

2

Inhaltsverzeichnis

© Springer Fachmedien Wiesbaden 2016
J. Robier, *Das einfache und emotionale Kauferlebnis*,
DOI 10.1007/978-3-658-10130-5_2

Zusammenfassung

Im ersten Kapitel haben wir erfahren, dass die einfache Aufbereitung von Information ein grundlegender Bestandteil der Erlebnisentwicklung ist. Die Einfachheit (Simplicity) von Prozessen und Produkten hat einen enormen Einfluss auf die Akzeptanz, und in weiterer Folge auf die Zufriedenheit der Kunden. In diesem Themenblock lesen Sie von Regeln und Möglichkeiten, wie Sie Informationen einfach für Ihre Zielgruppe aufbereiten können. Von groben Vorgehensweisen bis hin zu klaren Anweisungen lernen Sie den Weg zur Einfachheit. Eine Vorstellung von verschiedenste Methoden aus Usability und User Experience soll Ihnen Einblick in die Arbeitsweise geben.

Damit ein Produkt oder eine Dienstleistung intuitiv und als einfach wahrgenommen werden, müssen sie entweder

- effizient und effektiv sein, damit keine Benutzerhürden auftreten
- oder bei sehr komplexen Systemen muss das Gesamtsystem erkennbar und Prozesse müssen konsistent abgebildet sein, sodass der Benutzer den Plan verfolgen kann und nie seinen Bezugspunkt verliert

Dies gilt für jede Art von Komplexität. Im ersten Schritt einer jeden Neukonzeption oder Entwicklung muss immer eine Problemlösung im Vordergrund stehen. Das wwww-Prinzip kann hier ein kleiner Begleiter sein.

W → Wirklich

W → Wissen

W → Was

W → Wollen

Die Kernidee aller Produkte und Dienstleistungen liegt immer in der Problemlösung oder in der Befriedigung eines Bedürfnisses. So ist die treibende Kraft hinter neuen Produkten und Dienstleistungen, etwas besser, schneller, cooler, einfacher oder angenehmer zu machen. Die Lösung sollte aus Kundensicht so einfach wie möglich und intuitiv gestaltet sein. Sofern diese Anforderung mit Zufriedenheit gelöst wird, ist es möglich, dem Nutzer neue Möglichkeiten mit Zusatznutzen zu bieten, jedoch darf die Hauptaufgabe (das „Herz" oder der „Herzschlag" eines Produkts oder einer Dienstleistung) nicht verwässert werden.

- Beim Föhn sind dies die trockenen Haare.
- Bei einem Elektriker ist es der fließende Strom
- Bei einem Hotel ist es der sichere Heimersatz

Wollen Sie Ihren Service und Ihr Produkt vereinfachen, suchen Sie nach der Grund-idee, den Wurzeln, dem Mehrwert, wieso Kunden es nutzen. Dieser Nutzen muss für den Benutzer sichtbar und einfach sein. Im Laufe der Zeit folgt die Komplexität durch Weiterentwicklungen und Kundenwünsche oft automatisch.

▶ Suchen Sie jedoch immer nach dem Herzschlag Ihres Produktes!

Ihr Produkt oder Ihre Dienstleistung sollten im Normalfall nicht versuchen, mehr als drei Bedürfnisse zu lösen. Sind es mehr, werden sie verwässert und sollten da-her schon wieder vereinfacht werden.

2.1 Finden Sie Ihren Herzschlag

Um ein Produkt oder Dienstleistung einfach zu gestalten, muss die Informations-aufbereitung eines Produktes verringert werden. Es soll für die Wahrnehmung des Menschen auf den Herzschlag des Produktes (Die Hauptaufgaben) reduziert wer-den. Das heißt nicht, dass alle über den Kernnutzen hinausgehenden Funktionali-täten oder Dienste gestrichen werden müssen.

Die linke Grafik in Abb. 2.1 zeigt ein System, in dem viele Features den Kern-nutzen des Produkts verwässern. Die Rechte zeigt dagegen ein System mit vielen Informationen (Features, Diensten), die sich eng mit dem Herz des Produkts be-

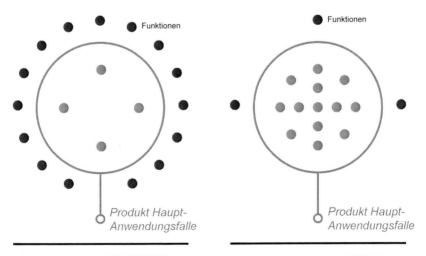

EIN KOMPLEXES SYSTEM   EIN EINFACHES SYSTEM

Abb. 2.1 Finden Sie den Herzschlag

schäftigen und verzweigt sind. Das Herz ist der Grund, wieso Kunden kaufen. Durch zusätzliche Information kann es aufgewertet und veredelt oder wie links in Abb. 3.1 zu sehen, verwaschen oder komplex werden.

Zwischen einem Edelstein und vielen Kieselsteinen liegt oft nur eines Steines Breite.

Ausschließlich die Konzeption und der Weg zum Ziel geben den Ausschlag. Das **Herz** einer **Kaffeemaschine** ist es, Kaffee zuzubereiten. Das Bedürfnis dahinter ist normalerweise der „Genuss" oder sich eine „Auszeit" zu gönnen. Somit muss dieser Prozess so schnell und einfach wie möglich umgesetzt werden. Nehmen wir beispielsweise den Prozess nach dem Kauf einer neuen Maschine. Eine Kaffeemaschine darf so viele Funktionalitäten haben, wie gewünscht, aber das Grundziel, der Herzschlag ist die Zubereitung von Kaffee. Somit muss der Prozess vom Öffnen der Verpackung bis zur ersten Tasse Kaffee so kurz und einfach wie möglich sein.

1. Packung öffnen
2. Kaffeemaschine anstecken und einschalten
3. Wasser einfüllen
4. Kaffeebohnen oder Kaffeepulver einfüllen
5. Kaffeezubereitung
6. Kaffee trinken

Dies wäre der kürzeste Weg, um eine Tasse Kaffee trinken zu können. Nachdem die Kaffeemaschine einmal in Betrieb genommen ist, muss es weiterhin genauso einfach funktionieren.

1. Kaffeezubereitung
2. Kaffee trinken

Wenn nun aber Spezialeinstellungen vorhanden sind, wie die Dosierung der Kaffeestärke, die Tassengröße oder etwa die Kaffeeart, muss die Bedienung nicht zwangsläufig genauso einfach sein. Es wäre toll, aber diese Zusatzfunktionalitäten können länger dauern, da sie auch für den Benutzer einen zusätzlichen Mehrwert darstellen. Der Hauptprozess muss jedoch einfach bleiben!
   Nehmen wir als weiteres einfaches Beispiel Suchmaschinen im Internet. In den Anfangsjahren hatte jede Suchmaschinenseite verschiedenste Funktionalitäten und Zusatzinformationen auf der Webseite, bis eine Suchmaschine kam, die in sehr kurzer Zeit den Markt eroberte: „Google" war die erste Suchmaschine, die ihr Produkt auf den Herzschlag reduziert hatte (vgl. Abb. 2.2 ff.).
   2008 (Abb. 2.3, 2.4)
   2013:

Abb. 2.2 https://www.google.at/, zugegriffen am 01.04.2008

Abb. 2.3 https://www.google.at/, zugegriffen am 01.04.2013

Abb. 2.4 https://www.google.at/, zugegriffen am 01.04.2013

+Hannes   Gmail   Bilder   ⋮⋮⋮   ◯   ⊞   👤

Google-Suche   Auf gut Glück!

Abb. 2.5 https://www.google.at/, zugegriffen am 24.01.2015

Abb. 2.6 Google App Icon _
zugegriffen am 01.04.205

Die Hauptfunktionalität, das „Suchen", steht im Vordergrund, mit nur einem Eingabefeld. Keine Vorauswahl oder Gruppierung, die ausgewählt werden muss. Es gibt lediglich ein Sucheingabefeld. Der Erfolg von Google ist ein Beleg für den Mehrwert dieses Konzepts. Alle Zusatzinformationen und Zusatzfunktionalitäten werden sehr klein im oberen Rahmen versteckt.

Aber auch Google reduziert weiter. Abbildung 2.5 zeigt die Startseite von Beginn 2015.

Das Herz bleibt die Suche, danach wird priorisiert. Für die wichtigsten Funktionalitäten gibt es einen Textlink, die weiteren sind hinter einem Icon versteckt (vgl. Abb. 2.6).

Nehmen wir ein weiteres bekanntes Beispiel, das großes Aufsehen erregt hat. Amazon hat sich auf das „Shoppen" spezialisiert und den gesamten Kaufprozess, der nicht Teil des Hauptprozesses ist, auf einen Klick reduziert. Das Herz von Amazon ist das Suchen und Finden von für den Endkunden relevanten Produkten. Der „1-Click" Shopping Button reduziert den gesamten Bestellprozess auf einen Klick (s. Abb. 2.7). **Amazon** hat sich auf seinen **Herzschlag** spezialisiert.

Jedes Produkt und jede Dienstleistung hat eine Aufgabenstellung, wieso es erstellt oder konzipiert wird. Auf dieses Kernelement, diesen Herzschlag, muss man sich im ersten Schritt konzentrieren. Um innovative und neue Ansätze oder auch nur intuitive Ansätze zu finden, sollte hier die Methodik der Szenarien angewandt werden. Nachdem Sie Ihren Herzschlag kennen, versuchen Sie, die Sichtweise Ihrer Kunden einzunehmen. Sie gehen den gesamten Prozess einmal durch, ohne auf technische oder strukturell organisatorische Anforderungen zu achten. Diese Methode wird in

Abb. 2.7 http://www.amazon.de/, zugegriffen am 01.04.20013

der Usability auch „Cognitive Walkthrough" genannt. Wie sieht der Prozess meines Produkts aus, damit der Kunde das Ziel so schnell und einfach wie möglich erreicht?

Stellen Sie sich selbst folgende Fragen
- Was ist das Herz, das Ihr System antreibt?
- Steht es tatsächlich im Vordergrund?
- Ist der Hauptprozess klar und einfach dargestellt?
- Kann der Enduser damit sein Ziel so effizient wie möglich erreichen?
- Wie lange benötigt er dafür?
- Wird man abgelenkt?

Sobald diese Fragen gelöst sind, versuchen wir die Zielgruppe unseres Systems zu ermitteln und für uns zu definieren.

2.2 Wer sind Ihre „Personas"

Der nächste Teil des Puzzles, bevor das Produkt in die Konzeptionsphase gehen darf, muss die Trennung der Benutzergruppe in verschiedene Zielgruppen sein. Vom Weltkonzern bis hin zu einer Personengesellschaft hat jedes Unternehmen klare Zielgruppen und Differenzierungen in ihren Produkten. Alle müssen ihre Produkte so einfach und intuitiv gestalten, dass der Großteil ihrer Zielgruppe damit arbeiten kann.

Wenn Sie ein spezielles Produkt oder eine spezielle Dienstleistung haben, ob für Ärzte, Juristen oder Techniker, müssen Sie Ihre Produkte auf diese Zielgruppe ausrichten. Es wäre hier auch möglich, dass Ihre Kunden nicht die Endnutzer sind, sondern Verantwortliche in Unternehmen, die Sie überzeugen müssen.

Beispiel

Nehmen wir als Beispiel den Prozess des Check-Ins auf Flughäfen. Hier werden die Zielgruppen nach der Zahlungsbereitschaft der Gäste in First Class, Business und Economy Class definiert. Wenn eine Fluglinie die First Class gemeinsam mit allen anderen einchecken ließe, würde der entsprechende Mehrwert fehlen, diese Zielgruppe würde wahrscheinlich weniger zahlen oder sich verringern.

Produkte können also so klassifiziert werden, dass zielgruppenspezifisch Prozesse effizienter ausgearbeitet werden können. Eine typische Trennung ist auch die in die Zielgruppe der „First User" und „Heavy User". Es gibt Personengruppen, die ein Produkt nur ganz selten nutzen, andere dagegen sehr oft, beziehungsweise jeden Tag. Diese Zielgruppen haben unterschiedliche Bedürfnisse sowie unterschiedliche Vorgehensweisen, ein Produkt oder eine Dienstleistung zu nutzen.

Um in eine erste Evaluierungsphase zu gehen und herauszufinden, wer die Zielgruppe ist, nehmen Sie eine Stakeholder Map (s. Abb. 2.8) und zeichnen alle Personen ein, die für das Projekt mitverantwortlich sind oder damit in Verbindung kommen. Lassen Sie keine Personengruppe aus.

Zeichnen Sie alle Benutzer, die auf ihr System Einfluss nehmen, von oben nach unten und jene, die das System nutzen nach Häufigkeit von links nach rechts ein.

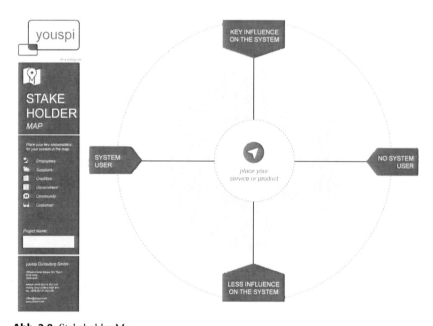

Abb. 2.8 Stakeholder Map

Ihre Zielgruppen liegen somit im linken Bereich. Ihre Hauptzielgruppe müssen Sie selbst definieren. Es sind die Personen, die:

- das System am häufigsten Nutzen
- den größten Umsatz bringen
- die mit dem Produkt oder Dienstleistung am Erfahrensten sind
- die den größten Einfluss auf das Produkt haben

Dementsprechend definieren Sie selbst die Hauptzielgruppe. Zusätzlich zur Hauptzielgruppe definieren Sie die nächsten zwei wichtigsten Zielgruppen für ihr Produkt und deklarieren außerdem auch Ihre Nicht-Zielgruppen, um während des Projektes immer im Hinterkopf zu behalten, für wen Sie entwickeln und für wen nicht. Wenn Sie ihre Zielgruppe definiert haben, ist der nächste Schritt, deren Bedürfnisse und Verhalten herauszufinden. Dafür werden oft folgende Methoden eingesetzt:

- Ethnografische Studien
- Befragungen
- Tiefeninterviews
- Beobachtungen
- A Day in the life of
- Shadowing

Um diese Zielgruppen und die Bedürfnisse zu formulieren und zu strukturieren hilft die Methode der Bedürfnisrahmen-Evaluierung (s. Abb. 2.9).

Tragen Sie für jeden einzelnen Bereich alle Bedürfnisse ein. Am Ende eruieren Sie die zehn wichtigsten und schreiben diese mit einer kurzen Anmerkung in die unteren zehn Kästchen. Die beste und einfachste Methode, um die Zielgruppen für ein gesamtes Unternehmen oder Entwicklungsteam sichtbar zu machen, ist Personas. „Personas" ist eine User-Experience-Methode, um die Zielgruppe als typische Person darzustellen. Abbildung 2.10 zeigt den Aufbau:

Personas helfen uns in der Entwicklung von Dienstleistungen und Produkten, die Zielgruppe besser zu verstehen. Durch Beobachtungen und Befragungen werden sogenannte bedürfnisorientierte Zielgruppen definiert (Personas) und in bildlicher Form dargestellt. Dies ist ein psychologischer Trick, um sich leichter mit einer Zielgruppe zu identifizieren und sich in diese hineinversetzen zu können.

Personas haben immer ein Bild, einen Namen, typische Eigenschaften und Hobbys. Sie werden in Ihrer Mentalität sehr extrem dargestellt, um auch alle typischen User damit abdecken zu können. Eine Persona enthält immer die Beschreibung ihrer Anforderungen an das Produkt. Hier werden keine Lösungen beschrieben, sondern nur die emotionalen Anforderungen.

Ein Student sagte einmal zu mir: „Wir haben in einem Projekt zum ersten Mal Personas erstellt und diese dem Grafiker für die umzusetzenden Werbetexte gegeben."

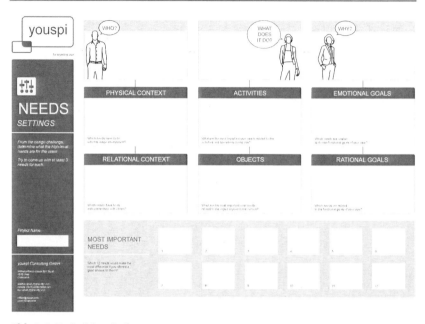

Abb. 2.9 Bedürfnisanforderungen

Abb. 2.10 Persona Methode

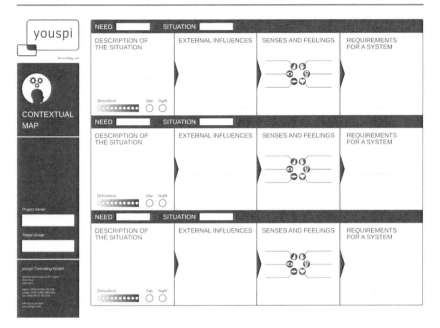

Abb. 2.11 Kontext Map

Dieser habe geantwortet, dass er nun endlich einmal eine Vorstellung davon habe, für wen er die Werbung eigentlich designe, was ihm seine Arbeit erheblich erleichtere. Durch Personas wird das Bild für alle Beteiligten viel klarer. Nicht nur das Produkt wird einfacher, sondern auch die Kommunikation im Team, da eine gemeinsame Sichtweise definiert wird. Bauen Sie Personas zu Beginn eines jeden Projektes mit ein und lassen Sie diese während des gesamten Projektes „mitleben."

In diesem Zusammenhang gibt es auch NON-Personas welche definiert werden. Dies sind Zielgruppen oder Kunden die in der Konzeption nicht in Betracht genommen werden. Dies könnten die Entwickler selbst sein, aber auch das Management. Diese Zielgruppen wollen gerne mitreden, und geben diesbezüglich auch Vorgaben. Jedoch können diese Vorgaben für die eigentliche Zielgruppe (Personas) einen negativen Einfluss haben. Aus diesem Grund werden NON-Personas definiert, um den Einfluss dieser Zielgruppen zu minimieren und entgegen zu halten.

Hinweis: Stellen Sie die Personas nicht aus Ihrer Erfahrung zusammen, denn dadurch wird nur Ihre Sicht wiedergegeben. Eine qualitative Analyse ist bedeutend, um nachhaltige erfolgreiche Produkte zu entwickeln. Nachdem Sie die Personas aber auch NON-Personas entwickelt haben, können Sie nun zum nächsten Schritt übergehen und eine Contextual Map erstellen (s. Abb. 2.11).

Die kontextspezifische Map zeigt uns, in welchen Lebensbereichen und in welchen Umgebungen gearbeitet wird. Hier werden zudem auch äußerliche Einflüsse definiert. Wird in der Nacht gearbeitet, bei Kälte oder Hitze, bei Regenwetter, müssen alle Bereiche abgedeckt werden? Sind Sie während der Abwicklung in einer Stresssituation oder haben Sie viel Zeit während Ihrer Aufgabe? Füllen Sie die Contextual Map aus, dann können wir in der nächsten Phase viel einfacher Priorisierungen durchführen. Denn nun starten wir schon in die Konzeption. Je besser Sie bis hierhin gearbeitet haben, umso einfacher und schneller kann die Konzeptions- und Entwicklungsphase durchgeführt werden.

Beispiel

Nehmen wir als Beispiel die Entwicklung einer Steuerung für eine Biomasseheizung, um Personas und Contextual Map näher zu beschreiben. In diesem Fall sprechen wir von einem lokalen Hersteller. Als die vier Hauptzielgruppen wurden folgende definiert:

1. Hausbesitzer die ihre Heizung erneuern (Alter 50+)
2. Menschen, die ein eigenes Haus bauen (Alter 20–40)
3. Händler der Anlagen (für den Verkauf zuständig)
4. Servicemitarbeiter (Reparaturen)

Wenn man diese genauer betrachtet, haben alle Zielgruppen ihre Besonderheiten und arbeiten in einem spezifischen Kontext. Die ersten zwei Gruppen wollen die Heizung bedienen, die Händler und Servicemitarbeiter müssen effizient damit arbeiten können und wollen keine Änderungen an der bestehenden Steuerung.

Gruppe 1 und 2 sehr grob definiert:
- maximal sechs Hauptfunktionalitäten
- Bedienung im Keller oder über eine Fernsteuerung
- kein Zeitdruck in der Bedienung
- seltener Zugriff auf die Steuerung

Gruppe 3 und 4 sehr grob definiert:
- Über 50 Funktionen zum Kalibrieren und Einstellen
- Bedienung direkt am Gerät
- Zeitdruck bei der Bedienung
- täglicher Zugriff, Effizienz steht im Vordergrund

Es war eine Herausforderung, beide Hauptgruppen in einem einzigen Interaktionskonzept zu vereinen. In Abb. 2.12 sehen Sie, dass die linke Seite mit großen Icons für die Endkundenbedienung und die rechte Listenansicht für eine effiziente Arbeit konzipiert wurde und zur alten Steuerung unverändert blieb.

Zu diesem Beispiel von KWB kommen wir in diesem Buch noch ein zweites Mal, wenn Gesamtkonzeptionen und Innovationen behandelt werden.

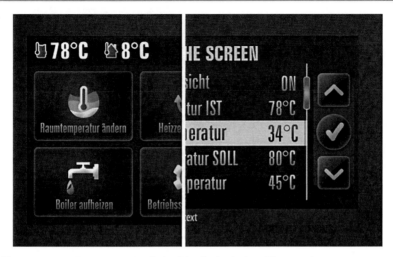

Abb. 2.12 KWB Steuerung – Grafische Oberfläche designed by youspi

2.3   Priorisierung steigert Ihren Return on Investment!

Jedes Produkt und jede Informationsaufbereitung lebt von der Priorisierung. Auch die menschliche Wahrnehmung hat sich auf die Priorisierung von Informationen spezialisiert, was wiederum deren Wichtigkeit unterstreicht.

Schon aufgrund seiner physischen Voraussetzungen muss der Körper priorisieren. Von den 30–100 Mio. Bit/s pro Sekunde die verfügbar sind, werden nur 100 Bit/s pro Sekunde bewusst wahrgenommen (vgl. Abb. 2.13). Um das zu unterstreichen, wenden wir uns nun einem kleinen, durchaus bekannten Beispiel zu, welches die Leistung und Funktionsweise unseres Gehirns aufzeigt und beweist, dass sich unser Lesevermögen nicht ändert, solange der Anfangs- und Endbuchstabe eines Wortes gleich bleiben.

„Das Gierhn porisiriret sozauesgn die wtsiheicgtn Bcsebtuahn und stezt aus dem Bkeaentnn den rtehelcisn Staz zuemasmn."

Das Gehirn priorisiert sozusagen die wichtigsten Buchstaben und setzt aus dem Bekannten den restlichen Satz zusammen (Rawlinson 1976). Das heißt für die Aufbereitung von Informationen, dass wir über gesamte Interaktionsprozesse immer Ankerpunkte benötigen, damit sich unser Gehirn orientieren kann. Fehlen diese Ankerpunkte, sind Benutzungshürden und Fehlbedienungen vorprogrammiert. Um die Ankerpunkte sichtbar zu machen, müssen diese priorisiert werden, auch wenn diese nur eine geringe funktionale Bedeutung haben. Für die Orientierung und Zufriedenheit können sie indes ausschlaggebend sein.

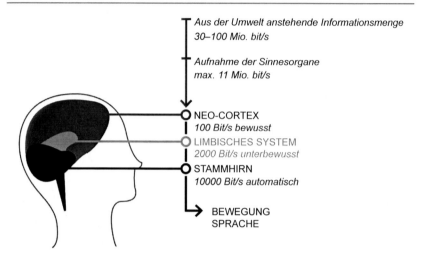

Abb. 2.13 Menschliche Informationsaufnahme – Vergleiche KH Pflug

So macht es auch keinen Sinn, wichtige Informationen immer gleichberechtigt mit anderen Funktionalitäten darzustellen. Ein weiteres Bespiel wäre folgendes:

Beispiel

Welches Wort ist hier wichtig?

Zirben Hügel Haus Das Wort Biergarten Wichtige

Gorilla Baby Loch Zwei Kleinkram Usability Probe

Interaktion Design Lebendige Selektieren Menschlich

Wort Kind Mahlzeit Farbspiel Kaufentscheidung Heißt

Kontrapunkt Kleinlich Return On Investment

Priorisieren World Schauspieler Singen Tun

Haben Sie das richtige Wort gefunden? Nein? Konnten Sie auch nicht, da alle Wörter gleich priorisiert waren. Wenn in einer Interaktion alles gleich priorisiert wird, ist es unmöglich, das Ziel zu erreichen.

Wie sieht es beim nächsten Beispiel aus?

Zirben Hügel Haus **Das** Wort Biergarten **Wichtige**

Gorilla Baby Loch Zwei Kleinkram Usability Probe

Interaktion Design Lebendige Selektieren Menschlich

Wort Kind Mahlzeit Farbspiel Kaufentscheidung **Heißt**

Kontrapunkt Kleinlich Return On Investment

Priorisieren World Schauspieler Singen Tun

Schon einfacher, da eine Wortkombination hervorgehoben ist und in Kombination gesetzt wurde. Das Wort nachdem gesucht wird, könnte allerdings jedes der hervorgehobenen fünf Worte sein, wobei ich behaupten könnte, dass das Wort „Wichtige" das gesuchte ist. Und nun?

Zirben Hügel Haus **Das** Wort Biergarten **Wichtige** Gorilla

Baby Loch Zwei Kleinkram Usability Probe Interaktion Design

Lebendige Selektieren Menschlich **Wort** Kind Mahlzeit

Farbspiel Kaufentscheidung **Heißt** Kontrapunkt Kleinlich

Return On Investment **Priorisieren** World

Schauspieler Singen Tun

Mit dem Hervorheben durch eine Farbe werden grafische Akzente gesetzt. Durch eine zusätzliche Priorisierung wie der Größe von Elementen, wird schnell klar, welches das wichtige Wort ist und/wird es noch offensichtlicher.

Das Wichtige Wort Heißt

Priorisieren

Zirben Hügel Haus Wort Biergarten Gorilla Baby Loch Zwei

Kleinkram Usability Probe Interaktion Design Lebendige Selektieren

Menschlich Kind Mahlzeit Farbspiel Kaufentscheidung Kontrapunkt

Kleinlich Return On Investment World Schauspieler

Singen Tun

Wenn ich nun als Produktentwickler möchte, dass ein Wort erkannt wird und dieses *eine* das wichtigste ist, dann könnte auch Folgendes getan werden. Ich verstecke alle anderen Wörter, oder mache ein eigenes Produkt daraus, es bleibt nur mehr:

Priorisieren

über. Und schon ist es einfach und schnell verständlich, im Gegensatz zum ersten Beispiel. Diese Priorisierungsschritte sollten bei allen Produkten Prozessen und Dienstleistungen durchgeführt werden, um klar und verständlich zu gestalten.

Ich habe nun einige Methoden dargestellt, um Information zu vereinfachen:

- priorisieren durch Farbe und Größe
- Gruppieren
- weglassen bzw. verstecken.

Beim Ribbon Konzept von Microsoft erkennt man sehr schnell diese Methoden. Gruppierung durch Tabs und grafischer Aufbereitung innerhalb von Tabs. Priorisierung durch den Größenunterschied von Icons. Weglassen oder das Verstecken von Spezialfunktionen in extra Pup-Ups (Abb. 2.14).

Priorisieren und Gruppieren von Funktionen

Wie vereinfacht man ein Formular?

Die Grafik in Abb. 2.15 war der Ausgangspunkt einer Neukonzeption. Die Grafik rechts daneben wurde „Inhouse" erneuert. Die Grafik unten wurde nach allen Regeln, jedoch ohne Benutzeranalyse definiert. Der Unterschied ist schnell sichtbar.

Abb. 2.14 Microsoft Word – zugegriffen am 01.04.2025

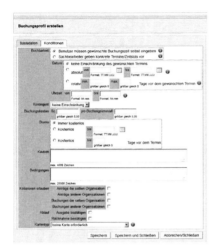

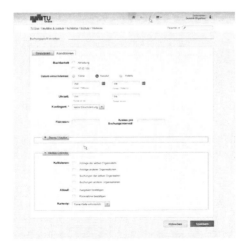

Abb. 2.15 Formulardesign in Schritten

- Weniger Eingabefelder,
- klar strukturiert,
- visueller klar aufbereitet

Mit einer Nutzeranalyse könnte dieses Formular wahrscheinlich noch weiter optimiert werden.

Jedoch sieht man, dass mit wenigen Methoden der Vereinfachung schon sehr viel erreicht werden kann, indem folgendes angewandt wurde:

1. Herzschlag
2. Contextual Inquiries
3. Priorisierung

Diese Priorisierung muss von der Grundproblemstellung bis ins letzte Detail definiert und konzipiert werden. Somit werden Prozesse klar und für die Zielgruppe sichtbar. Durch nachhaltige Optimierung eine Prozessdauer von zwei Tagen auf zwei Stunden zu reduzieren oder Verkaufssteigerungen durch eine klare Problemlösungsdarstellung zu erzielen, sind nur zwei mögliche positive Auswirkungen, die Ihr Unternehmen durch das Anwenden der genannten Methoden und Prinzipien einfach erreichen kann. Die Priorisierung von Prozessen kann somit in einem bedeutenden Unternehmenserfolg resultieren. Jetzt kommen wir auch schon zum nächsten Punkt der Vereinfachung: einem in sich konsistenten Konzept.

2.4   Konsistenz ist das Schlagwort für Erfolg

Egal wie einfach, umfangreich, kompliziert oder intuitiv Ihr Produkt ist – wenn Sie einmal ein gewisses Verhalten eingeführt haben, müssen Sie dieses auch weiterhin konsistent halten. Menschen gewöhnen sich sehr schnell an Produkte und Verhaltensweisen, wenn sie jedoch inkonsistent werden, führt dies schnell zu Unzufriedenheit und Irritation bei den Benutzern. Serviceanrufe bleiben nicht lange aus.

Die Aufgabenstellung „Konsistenz" ist nun sehr schwierig, da es sehr viele verschiedene Endgeräte und Anforderungen am Markt gibt. Was macht man, wenn man eine Lösung anbietet und diese auf Windows Phone, Desktop, Apple, Android, Tablet, im Web und zusätzlich noch im realen Leben (offline) funktionieren muss?

Dasselbe Interaktionskonzept für alle Schnittstellen zu nehmen wäre falsch, da kein Benutzer mit allen in Berührung kommt. Ein Benutzer verwendet normalerweise nur eine Plattform, und die Verhaltensformen und Regeln dieser Plattform sind für die Person durch die tägliche Nutzung bekannt. Somit sollten auch die Eigenheiten jeder Plattform übernommen werden. Wenn es spezielle Lösungen gibt, können dafür auch eigene Interaktionskonzepte erarbeitet werden. In allen Systemen sollten dieselben Verhaltensweisen für Interaktionen gelten. Daher ist es mittlerweile üblich, keinen strikten Styleguide mehr zu konzipieren, sondern eine Pattern Library, eine Icons Library und einen Design Style Guide. Das Design darf hier nur grob vorgegeben werden, da es verschiedene Plattformen und Programmiersprachen gibt, die nicht immer dieselben Designmöglichkeiten bieten.

Im Bereich des Services werden Verhaltensregeln, Werteregeln und Prozessabläufe definiert. Für Kundenschnittstellen gibt es eigene Vorgaben für Benutzerschnittstellen (Touchpoints). Um die Konsistenz zu ermöglichen, gehe ich nun auf einige dieser Vorgaben ein.

2.4.1   Pattern Library

Eine Pattern Library legt grundsätzliche Interaktionsregeln und Verhaltensweisen für ein Produkt fest.

- Wenn ein Button gedrückt wird, passiert …
- Wenn ein „Bearbeiten"-Icon gedrückt wird, passiert …
- Der „Speichern"-Button wird immer an der rechten Position angezeigt …

Interaktionsverhaltensweisen werden zusätzlich mit Grafiken und klaren Regeln versehen, um sie für die Umsetzung verständlicher zu machen. Patterns oder auch Regeln sichern ein konsistentes Interaktionsmodell über verschiedene Plattformen, auch wenn es unterschiedliche Designs oder Konzepte dahinter gibt. Wichtig ist jedoch die Konsistenz im Produkt.

Ein typischer Aufbau einer Verhaltensregel wäre wie folgt:

- aussagekräftiger Titel/Headline
- **Verhaltensregel**
- Beschreibung
- Ausnahmen
- Beispiele
- weiterführende Information
- Tipps

Abb. 2.16 Verschiedene
Icongrößen – Designed by
youspi

Die Verhaltensregeln dürfen hier keine beschreibenden Texte sein, sondern müssen klar definierte Aussagen und Vorgehensweisen zeigen. Eine Pattern Library muss ein Nachschlagwerk sein, kein Roman, den man während der Arbeitszeit liest. Die Effizienz steht im Vordergrund.

2.4.2   Icon Library

Eine Icon Library (s. Abb. 2.16) garantiert dieselben Icons für ein Produkt, eine Produktfamilie oder alle Produkte eines Unternehmens, um denselben Außenauftritt zu gestalten. Wenn viele Teams an einem Produkt oder einer Produktfamilie arbeiten, kommt es sehr oft zu verschiedenen Icons und Darstellungsweisen. Gestalten Sie intern für Ihre Produkte eine Icon-Bibliothek, die wie folgt aufgebaut ist:

- Titel/Icon-Name
- **Icon (grafisch dargestellt) Download in mehreren Größen**
- Beschreibung und Aussage
- Einsatzbeispiele
- weiterführende Information

Beispiel

Online Icon-Bibliotheken haben einen Mehrwert, da alle Entwickler schnell und einfach darauf zugreifen können und immer dieselben Icons für dieselbe Funktionalität verwendet werden. Neue Icons werden im gleichen Icon-Stil designt. Für die Aussagekraft von Icons muss man pro Zielgruppe verschiedene Designs ausprobieren. Ein Schlüssel wird grundsätzlich als Icon für LogIn/Lo-

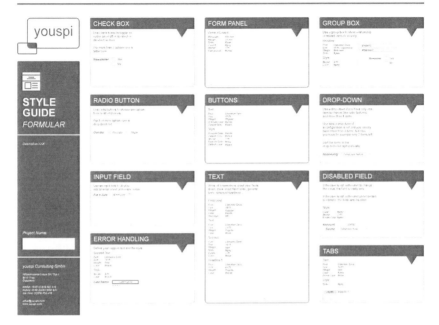

Abb. 2.17 Formular Styleguide

gOut verwendet, kann aber in anderen Produkten für Verschlüsseln/Entschlüsseln stehen. Hier wird meistens ein kundenorientierter Icon-Design-Prozess durchgeführt, der die Zielgruppe miteinbindet.

2.4.3 Formular Styleguide

Ein Formular-Styleguide beschreibt die Grundinteraktionselemente eines Formulars und definiert diese mit all ihren Möglichkeiten (vgl. Abb. 2.17). Wann werden Checkboxen, Radiobuttons, Dropdowns und wann Listen verwendet? Formular-Styleguides geben auch eine klare Ausrichtung, wie das Formular designt werden muss bzw. designt werden kann. Wie sieht ein Formular mit einer Spalte und wie ein Formular mit zwei Spalten aus.

Ein Formular-Styleguide übernimmt jedoch nicht die Aufgabe, ein Formular zu definieren und zu designen. Er schafft Konsistenz, aber keine Prozessoptimierung oder Vereinfachung von komplexen Formulardesigns. Hier sollte eine Kontext-

Abb. 2.18 Design Styleguide by youspi

analyse, Workflowanalyse und Prozessoptimierung mit Endkunden vorgenommen werden.

2.4.4 Design Style Guide

Durch die verschiedenen Plattformen und Programmiertechniken geben Design Style Guides die wichtigsten Farbmerkmale und Designrichtungen vor. Diese Style Guides haben im Schnitt nicht mehr als drei bis vier Seiten (s. Abb. 2.18).

2.4.5 Customer Experience (CX) Touchbook

Für Prozesse und Dienstleistungen mit Kundeninteraktionen gibt es die Möglichkeit, ein Customer-Experience-Profil zu erstellen. Hier werden für verschiedene Touchpoints Möglichkeiten der Interaktion beschrieben. Genaue Verhaltensregeln werden zwar definiert, oft können sich viele Mitarbeiter damit jedoch persönlich nicht identifizieren. Jeder hat verschiedene Stärken und kommuniziert unterschiedlich.

Das CX Touchbook (s. Abb. 2.19) definiert pro Touchpoint gewisse Vorgaben, um die Unternehmensphilosophie zu gewährleisten. Das Herz dieses Touchbooks sind jedoch die Möglichkeiten und Freiheiten, welche einem Mitarbeiter gegeben werden, um für den Endkunden Erlebnisse zu schaffen. Hier muss jedoch hinzugefügt werden, dass für dieses CX Touchbook im ersten Schritt eine gute Kundenanalyse bzw. Serviceanalyse durchgeführt werden muss, um es auch sinnvoll und zielgerichtet entwerfen zu können.

Abb. 2.19 The Daily Solution Guide

Definition jeder Servicesituation:

- Situation
- Typische Vorgehensweise
- Rahmen bei Beschwerden
- Ausnahmesituationen
- Möglichkeiten
- Weitere Möglichkeiten

2.5   Keine Information schafft Einfachheit

Das beste User Interface ist jenes, das kein User Interface hat.
Der beste Service ist der, der nicht sichtbar ist.
In der Spielebranche sind die Funktionalitäten und die Komplexität viel größer als bei einem Businessprodukt. Trotzdem gibt es tausende Personen, die tagtäglich stundenlang verschiedenste Spiele spielen und dabei viel Spaß haben. Wie werden Informationen in einem Spiel dargestellt? Unabhängig davon, welches Spiel wir uns näher ansehen, bei allen wird auf einem Screen oder in einer bestimmten

Situation nur ein gewisser Ausschnitt gezeigt. Ein Spiel unterteilt sich in Levels, Spiele und Aufgaben. Es werden jeweils nur die aktuell wichtigen Informationen angezeigt. Innerhalb von zehn Sekunden kann die Oberfläche schon wieder total anders aussehen.

Trotzdem wird sich ein Spieler in der Situation zurechtfinden, da die grundlegenden Regeln und Spielinteraktionen immer dieselben und daher bekannt sind. Kommen neue Funktionalitäten dazu, passen diese zum Kontext des Spiels und können sofort zugeordnet werden. Diese neuen Interaktionen kommen nicht alle auf einmal, sondern müssen verdient werden oder kommen je Level dazu. Somit wird eine Überforderung vermieden. Es wird zu einem intuitiven Game.

Diese Denkweise kann auch bei verschiedensten Businessprodukten und Prozessen angewandt werden. Nicht immer benötigt ein Benutzer die gesamten Informationen. Zeigen Sie nur das Nötigste. Mit 20 % der Funktionalitäten oder Informationen kommen 80 % der Zielgruppe aus.

Die 80/20-Regel haben wir bei der Produktentwicklung des **Trendcorders** (s. Abb. 2.20) eingesetzt. Es ist ein Industrieprodukt, das verschiedenste Sensoren über eine Hardware ansteuert und deren Daten aufnimmt und auswertet. Eingesetzt wird das Produkt zum Beispiel bei der NASA, um Vibrationen oder Wärme zu messen. Hier werden Langzeitmessungen vorgenommen, um Schäden im Hauptbetrieb von Geräten oder Anlagen zu vermeiden.

Abb. 2.20 Trendcorder – NASA Product of the year – GUI designed by youspi

Der Arbeitsablauf ist so, dass zu Beginn immer die Sensoren eingestellt werden müssen, jedoch ist das Herz des Systems die Aufnahme und Auswertung von Daten. Somit ist direkt nach dem Einstieg auch das Herz der Software sofort sichtbar. **Aufnahme, Stopp und Pause sind immer sofort erreichbar.** Sobald interagiert wird, öffnet sich die rechte Navigationsleiste und von allen Menüpunkten sind nur die wichtigsten 20 % der Funktionalitäten sichtbar. Will man als Experte tiefer einsteigen, zieht man das Menü weiter nach links, dann öffnen sich die Detaileinstellungen. Ein sehr einfaches Konzept, das von der NASA zum Produkt des Jahres 2014 gewählt wurde. Das Produkt wurde für den österreichischen Wirtschafts-Oskar nominiert.

Auch in der Werbung ist es unumgänglich, die Information auf den Punkt zu bringen, und nur *die* Information zu übermitteln, welche von der Zielgruppe auch aufgenommen werden kann. Sobald von einem Unternehmen keine Information mehr als Text übermittelt werden muss, sondern die Information ausschließlich über Zeichen und Grafiken vermittelt werden kann, haben sich im Gehirn eines Menschen schon so viele Verknüpfungen und Erinnerungen verbunden, dass keine aktive Information mehr nötig ist. Sieht man die weißen Kopfhörer, werden Sie in den Köpfen sofort mit einem amerikanischen Apfel verknüpft. Sieht man einen Weihnachtsmann, verbindet man dies mit einer Getränkefirma. Im Zeitalter von „Internet of Things" werden in Zukunft immer mehr Informationen von Geräten verarbeitet und weitergesendet. Je weniger Interfaces es gibt, desto einfacher und klarer wird es für uns sein.

Von der Kasse zu einem Barcodereader zu einfachen RFID Chips und schon sind wir an der Kasse im Supermarkt um die Ecke viel schneller wieder draußen (s. Abb. 2.21). Es gibt kein Interface mehr. Der Rechnungsbetrag wird uns einfach abgebucht, wir bekommen in einer App auf unserem Handy nur einen Zahlungsbestätigungsknopf (s. Abb. 2.22).

Einkauf 34 €

Jeder Touchpoint und jede Interaktion mit dem Kunden, auch im Businesskontext, wird neu überdacht und neu konzipiert, sodass Interfaces und Interaktionen wegfallen werden, um somit Prozesse zu optimieren. Im Gesamtkontext wird es weniger neue Interaktionssysteme geben, und man wird sich selbst immer mehr auf spezifische Systeme spezialisieren und beschränken. Wir werden schon heutzutage mit zu viel Information überhäuft.

- Wie oft haben Sie schon eine ganze Betriebsanleitung gelesen?
- Wer kennt alle Funktionalitäten von Word oder Excel?
- Kennen Sie sich mit ihrem Auto aus (außer dass Sie fahren können)?

manuelle Daten Eingabe	Bar-Code	RFID

Hier wird kein UI benötigt um auf Daten zuzugreifen oder Daten eingeben zu können!

Abb. 2.21 Das beste User Interface ist kein User Interface

Abb. 2.22 Kaufen Button

►   Zeigen Sie nur die wichtigsten Informationen!

Somit kommen wir auch schon zur nächsten, einer der wichtigsten Lektionen in diesem Buch.

2.6 Vertrauensverhältnis durch Information

Wollen Sie Vertrauen schaffen? Dann müssen Sie sich dieses zunächst aufbauen und verdienen. Feedback und Transparenz sind die wichtigsten Instrumente, um Vertrauen zu schaffen.

Beginnen wir mit einem einfachen Beispiel: Sie fahren mit einer Maus über einen Button. Ändert sich dessen Zustand nicht, kann angenommen werden, dass der Button nicht funktioniert. Sie schreiben eine Email an eine Beschwerdestelle: Sie erhalten jedoch keine Bestätigung, dass die Mail angekommen ist bzw. wie lange die Bearbeitung dauern kann. Sie nehmen daher an, dass dem Unternehmen Ihre Beschwerde nicht wichtig ist. Was passiert hier? Der Kunde oder Benutzer stellt sich Fragen, er wird von seinem eigentlichen Ziel abgelenkt. Es gibt also Benutzungshürden. Schon wird ein Produkt oder Service als komplex oder schlecht wahrgenommen.

Wenn ein System aus verschiedensten Gründen sehr lange Wartezeiten aufweist und dadurch keine Interaktion möglich ist, muss dem Nutzer ein Feedback gegeben werden. Egal ob es sich um Ladebalken oder Sanduhren bei einer Software oder eine Information am Flughafen, bei der es um die Verschiebung der Ankunfts- oder Abflugzeit geht, handelt: Wenn ein Kunde kein zügiges Feedback erhält, entsteht eine negative Stimmung, da die implizite Erwartung des Kunden auf ein perfektes Einkaufs- bzw. Serviceerleben nicht eintrifft. Wird jedoch schnell genug ein Feedback gegeben, offen über eine Situation kommuniziert, zugleich eine Lösung oder ein Ersatzprogramm angeboten, kann das, trotz negativer Ausgangssituation, zu einer positiven oder neutralen Einstellung führen.

Standen Sie schon einmal an einer Rezeption und haben eine Frage gestellt, aber keine Antwort bekommen, obwohl der Ansprechpartner direkt vor Ihnen stand? Nachdem keine Reaktion kam, stellten Sie noch einmal dieselbe Frage. Plötzlich meldet sich eine verärgerte Stimme: „Ich habe Sie gehört, sehen Sie nicht, dass ich gerade beschäftigt bin? Können Sie nicht kurz warten?" Und schon haben wir ein negatives Erlebnis, die positive Urlaubsstimmung ist zumindest für ein paar Minuten oder Stunden getrübt. Hätte die Person an der Rezeption nur kurz geantwortet „bitte warten Sie einen Moment", wäre alles Ok gewesen. Geben Sie daher immer ein kurzes Feedback, das wenig Aufwand verursacht, aber sehr positive Auswirkungen hat.

▶   Ein Feedback ist nur ein kleiner Aufwand für uns, hat aber eine große
    Auswirkung auf das Erlebnis.

Achtsamkeit und Aufmerksamkeit sind für viele keine Selbstverständlichkeit. Ein Projektmitarbeiter braucht nur einen „schlechten Tag" zu haben und schon werden in der Entwicklung nicht mehr alle Use Cases und Szenarien durchgedacht oder Feedbacks in solcher Form gegeben, das nur Entwickler sie verstehen können und Fehlinterpretationen entstehen.

▶   Versuchen Sie, alle Möglichkeiten ihres Systems zu durchdenken und
    geben sie dem Endkunden ein transparentes Feedback.
    Seien Sie
    • konstruktiv
    • beschreibend
    • konkret
    • positiv

Sollten Sie ein unerwartetes oder unvollständiges Feedback geben, wird der Benutzer irritiert sein. Sie klicken auf einen Button und dieser verschwindet? Was ist passiert? Ein Fehler?

2.6.1 Fehlermeldungen und Lösungsvorschläge

Fehlermeldungen in verschiedensten Systemen oder Formularen sind immer eine große Herausforderung. Bei jedem Produkt sollte im Vorhinein unterschieden werden zwischen:

- Hinweisen
- Unkritischen Fehlermeldungen
- Kritischen Fehlermeldungen

Je nachdem welche Art von Fehlermeldung vorhanden ist, können diese unterschiedlich in einem Interaktionskonzept angezeigt werden. Falls Fehler auftreten, sollten vom System automatisch auch immer Lösungsvorschläge angeboten werden.

Versetzen Sie sich zurück in Ihre Schulzeit. Das ein oder andere Diktat oder eine Mathe-Schularbeit waren an der Tagesordnung. Falls Sie nun von Ihrem Lehrer nur die Antwort erhielten: „So funktioniert das nicht", ohne einen Lösungsvorschlag oder Lösungsweg zu bekommen, werden Sie nichts daraus gelernt haben. Sie mußten Freunde fragen oder es selbst herausfinden. Dasselbe passiert bei jeder Anwendung, bei der es zu Fehlern oder Problembehandlungen kommt. Wie oft erhalten Sie eine Fehlermeldung, bei der Sie mit „OK" oder „Cancel" bestätigen müssen und wie oft erhalten Sie dann einen Lösungsvorschlag?

Feedback ist eine Gestaltungsmöglichkeit, um Kunden oder Benutzer vor negativen Gedanken zu bewahren. Solange der User das Gefühl hat, geführt zu werden oder alles unter Kontrolle zu haben, wird keine negative Einstellung aufkommen.

Beispiel: Sie brauchen neue Schuhe und bestellen welche auf einer Onlineplattform. Die Bestellung wird abgeschickt und Sie warten nun auf Ihre Schuhe, erhalten aber kein Feedback, wann Sie diese erhalten werden. Nach Ihren Berechnungen und Erfahrungen sollten Ihre ersehnten Schuhe fünf Tage nach Bestellung bei Ihnen eintreffen. Diese fünf Tage sind auch nicht das Problem. Nun sind aber bereits acht Tage vergangen und die Schuhe sind noch immer nicht da. Wo liegt das Problem? Was ist mit ihren Schuhen geschehen? Ihre Erwartung wird nicht erfüllt, Sie haben eine negative Einstellung gegenüber der Webplattform. Nach neun Tagen kommen ihre Schuhe an. Wie hätte man das besser machen können?

Sie bestellen abermals Schuhe und bekommen im Vorhinein bei der Bestellung die Information, dass es neun Tage dauern wird, da gerade Lieferschwierigkeiten bestehen. Nun haben Sie die Information und können diese neun Tage auch beruhigt warten. Erhalten Sie am neunten Tag die Info, dass es einen Tag länger dauern wird, ist dies für Sie zwar ärgerlich, Sie sind aber froh, dass diese Information übermittelt wurde.

2.6.2 Feedback als Erfolgserlebnis und Vertrauenssteigerung

Geben Sie Feedback und generieren Sie so Erfolgserlebnisse und Vertrauen bei Ihren Kunden. Wie auch im Projektmanagement können Sie jeden langwierigen Prozess zu einem lebendigen Prozess umgestalten und das Risiko von Abbrüchen durch den Benutzer damit minimieren. Teilen Sie Prozesse mit mehr als sieben Arbeitsschritten in Teilaufgaben auf, und geben Sie danach immer Feedback. Somit erreichen Sie aus psychologischer Sicht ein schnelles Erfolgserlebnis.

Ein Beispiel zur Veranschaulichung sind Prozessschritte bei Wizzards oder Onlineumfragen bei denen angezeigt wird, was Sie schon ausgefüllt haben und wie viele Schritte noch vor Ihnen liegen. Auch nach jedem Onlineeinkauf erwarten wir eine Kaufbestätigung. Menschen benötigen das Feedback zur Bestätigung, etwas richtig gemacht zu haben.

► Ohne Feedback entsteht Unsicherheit,
und nach der Unsicherheit entsteht Stillstand.

Verleiten Sie zu keinem Stillstand, egal ob es sich um ein Produkt, einen Service oder einen Prozess handelt. Durch richtiges Feedback können Sie Menschen fördern und dazu motivieren, weiter zu laufen und höher zu springen, als sie es je für möglich gehalten haben. Jedes Spiel funktioniert nach diesem Prinzip.

2.6.3 Gamification

Gamification ist nichts anderes als positives Feedback oder Feedback zu Ihrem aktuellen Status, den Sie mit anderen vergleichen können. Ob positiv oder negativ, Sie wissen, wo Sie stehen. Die Transparenz ist immer gegeben.

Vergleichen wir dies einmal mit dem Flirten. Auch Flirten ist nur ein Spiel zwischen Menschen, in dem es nur um Feedback geht. Wann erhalte ich welches Feedback und wieweit gehe ich, bis ich negatives Feedback erhalte? Als Mensch probiert man viel aus, solange man kein direkt negatives Feedback erhält. Wir gehen davon aus, dass unser Gegenüber auf uns anspricht und machen weiter. Kein Feedback zu erhalten kann falsch verstanden werden. Jede Beziehung lebt von Feedback. Wird kein ehrliches Feedback gegeben, wird Negatives verdrängt, und es kann früher oder später zu einer Katastrophe kommen.

Gamification wird vor allem bei Spielen eingesetzt, erfreut sich aber auch im Servicebereich und bei Businessanwendungen steigender Beliebtheit. Hier gibt es noch großes Potenzial für die zukünftige Weiterentwicklung von Gamification-Ansätzen.

Beispiel

In einem Konzern gibt es ungefähr 100 technische Produkte. Die Vertriebsmitarbeiter sollen immer alle Produkte verkaufen und werden direkt vom Produktmanagement mit sehr technischen Informationen beliefert. Nun wurde in die Salesplattform eine Funktion integriert, die als reines Kommunikationstool für die Verkäufer dient (s. Abb. 2.23). Dabei wurden drei Bereiche spezifiziert:

1. Für jedes Produkt gibt es fünf Fragen mit den dazugehörigen Antworten, die für den Vertrieb sehr wichtig sind. Für jede beantwortete Frage gibt es Punkte für die Person.

2. In zweiter Ebene werden alle Antworten von den Vertriebsmitarbeitern bewertet, wobei wiederum Punkte vergeben werden.

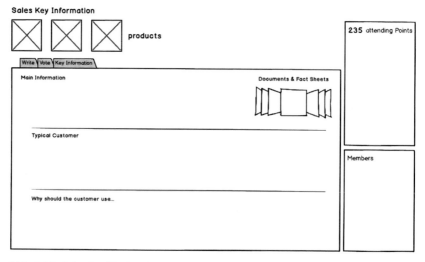

Abb. 2.23 Sales Applikation eines Konzerns. Supported by youspi

3. Der dritte Bereich ist eine Ansicht, welche zuerst geöffnet wird. Hier werden die fünf besten Antworten für jede Frage angezeigt und somit hilfreiche Informationen, die ein Vertriebsmitarbeiter benötigt, um gut verkaufen zu können.

Hier werden sozusagen die „versteckten Informationen" von Vertriebsmitarbeitern geteilt. Ein sehr erfolgreiches Projekt, da es einen großen Mehrwert für das Unternehmen hat, aber auch die Arbeit des Vertriebes erleichtert.

Um solche Konzepte auszuarbeiten, muss man die Motivationstheorie verstehen und eine Bedürfnisanalyse durchführen, um eine passgenaue Lösung zu konzipieren. Nicht jede Lösung oder jedes Produkt funktioniert in jedem Unternehmen. Hier spielen die internen Prozesse und das Arbeitsklima eine wichtige Rolle.

▶   Ein Faktor, der meistens außer Acht gelassen wird, ist, dass es menschelt! Vergessen Sie in keinem Projekt die zwischenmenschlichen Faktoren.

Nun aber zu den letzten zwei Regeln in der Vereinfachung von Information.

2.7   Design beeinflusst den emotionalen Wert

Design ist ein wichtiger Bestandteil um die menschliche Wahrnehmung und den ersten Eindruck zu beeinflussen. Jedoch kann Design nur bedingt die Usability eines Produktes optimieren. Design kann führen. Mit einem guten Farbkonzept oder der richtigen Gestaltung von Designelementen, kann der Benutzer durch Prozesse und Services geführt werden. Design unterstützt die Konzeption und kann Elemente hervorheben oder vernachlässigen. Design kann ein Produkt zum WOW Produkt werden lassen, oder es bleibt ein effizientes und neutrales einfaches Produkt. Design steigert nicht die Usability hat aber viele andere Auswirkungen:

• Design erhöht den emotionalen Wert eines Produktes
• Design erhöht den Wert Ihres Produktes
• Design macht Ihre Produkte stimmig
• Design spricht Ihre Zielgruppe an
• Design kann kaufentscheidend sein
• Design kann emotional bindend sein
• Design kann der Mehrwert gegenüber ihrer Konkurrenz sein

Konzeption und Design müssen klar getrennt werden.

Abb. 2.24 Verschiedene Icons

Nehmen wir ein Produkt, das überhaupt nicht benutzerfreundlich konzipiert wurde. Bekommt dieses ein neues Design wird es trotzdem nicht intuitiver. Nehmen wir jedoch ein benutzerfreundliches Produkt mit einem ausgezeichneten Interaktionskonzept, welches ein neues Look and Feel bekommt, bleibt es trotzdem benutzerfreundlich.

Ein Icon kann wunderschön sein. Wenn es aber nicht die richtige Bildsprache hat, um die Information zu vermitteln, die der User erwartet, hilft das beste Design nichts.

Was sagen die Icons in Abb. 2.24 aus?

Eine Bildsprache kann gelernt oder intuitiv erfassbar sein oder auch sehr zielgruppenspezifisch. Das Design bringt hier nur wenig Unterstützung für die Aussage. Die Aussagekraft kommt aus der Konzeption. Jedes Icon kann sozusagen in vielen verschiedenen Designstilen umgesetzt werden.

Beispiel

2010 entwickelten wir für einen Philips Epilierer eine First-Use-Bedienungsanleitung (s. Abb. 2.25). Die Herausforderung bei diesem Projekt war, eine rein aus Bildern bestehende Anleitung zu gestalten, da das Produkt international verkauft wird. In diesem Fall wurden die Übersetzungskosten für unterschiedliche Sprachen eingespart.

Ein Konzept aus Bildern wurde erstellt, welches zunächst in einem Usability-Test mit verschiedenen Personen aus der Zielgruppe evaluiert wurde. In der zweiten Testing-Phase wurde ein AB-Test durchgeführt. Das ist ein Vergleichstest zwischen zwei Variationen: der neuen Anleitung und der bis dato bestehenden Bild-Text-Anleitung.

Es wurde schlussendlich eine reine Bilderanleitung von den Kunden bevorzugt. Unter der Prämisse, dass diese Anleitung nur direkt nach dem Kauf und in besonderen Situationen verwendet werden wird, wurde die Bildsprache im Usability-Test klar die bessere Nutzbarkeit zugesprochen.

In diesem Test wurde auch untersucht, ob die Endkunden auch sofort zur richtigen Seite blätterten, da ja keine Texte vorhanden waren. Wie werden Bildüberschriften dargestellt und somit die Ankerpunkte in der Anleitung (s. Abb. 2.26)?

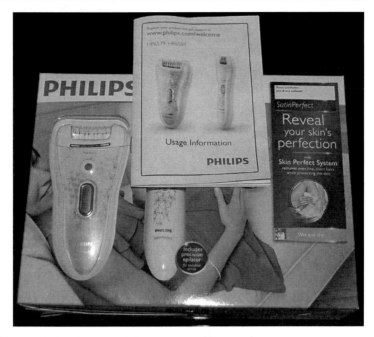

Abb. 2.25 Philips First Use Anleitung, supported by youspi

Abb. 2.26 Überschrift in Bildsprache

Einfache Anleitungen könnten Ihr „Reason to believe" sein. Haben Sie sich darüber schon einmal Gedanken gemacht?

Nehmen wir als anderes Beispiel die Landing Page einer Handy-Applikation. Das einzige Ziel dieser Webseite sollte es sein, dass der Kunde auf einen Link klickt, die Applikation kauft oder herunter lädt. Somit ist das Herz der Landing Page nur ein Button. Nur, ein Button allein wird nicht zum Kauf anregen. Jetzt muss der emotionale Anreiz gefunden werden, der durch Design entstehen kann. Design hat Wirkung.

Abb. 2.27 Humanic Webseite

Sehen wir uns nun noch einen kleinen Trick in der Informationsvermittlung an. Wie bereits festgehalten, kann Design den Benutzer führen, wenn es richtig eingesetzt wird. Gestalten Sie die Aktionsbuttons, welche den Haupt-UseCase betreffen, immer in einer Konträrfarbe zum restlichen System (vgl. Abb. 2.27). Sie werden sehen, dass der Kunde öfter den gewünschten Weg gehen.

Setzen Sie Design als Überzeugungstool ein und nicht als kreatives Element.

2.8 Vereinfachen Sie für die menschliche Wahrnehmung

Sie gehen in ein Elektronikgeschäft und wollen sich eine Fotokamera kaufen. Da Sie diese selbst gestellte Aufgabe sehr ernst nehmen, lassen Sie sich von einem Verkäufer ganz genau beraten. Nach einer halben Stunde wissen Sie exakt welchen Typ von Kamera Sie benötigen, und es bleiben nun zwei Kameras vor Ihnen auf dem Tisch liegen. Sehr ähnliche Preise, dieselben Funktionalitäten, nur wirkt eine Kamera sehr kompliziert, die andere sehr einfach. Welche kaufen Sie sich? Auch wenn man sich beraten lässt, der erste Eindruck zählt. Einfachheit geschieht in den Köpfen und nicht durch Beschreibungen.

Für jeden ist „einfach" etwas anderes!

Im Internet haben Sie genau 50 Millisekunden, um mit Ihrer Webseite einen ersten Eindruck zu hinterlassen (Behaviour and IT 2006). Falls der erste Eindruck nicht überzeugt, haben Sie fast keine Chance mehr, den Besucher zu halten, außer Sie haben einen sehr, sehr, sehr guten Content, um diesen ersten Eindruck im menschlichen Gehirn wieder umzucodieren.

Und um diesen ersten Eindruck positiv zu gestalten, benötigen Sie wieder zwei verschiedene Dinge.

- einen relevanten Inhalt
- ein atemberaubendes Design (emotional ansprechend)

In diesem Zusammenhang müssen Sie zusätzlich daran denken, dass bei jeder Schnittstelle zum Kunden der HALO-Effekt zum Tragen kommt (Wells 1907). Dieser besagt, dass der erste Eindruck immer generalisiert wird. Ist eine Schnittstelle super, nimmt man an, dass auch alle anderen in diesem Unternehmen atemberaubend sind. Erwischt aber ein Kunde die einzige Kundenschnittstelle, die Sie nicht beachtet haben, von der aber anzunehmen ist, dass sie einen negativen Eindruck hinterlässt, ist Ihr gesamtes Unternehmen zu hinterfragen. Wollen Sie das?

▶ Um Ihre Produkte und Dienstleistungen für die menschliche Wahrnehmung zu vereinfachen, zeigen Sie diese nicht gleich mit allen Funktionen und Fakten. Zeigen Sie nur das Nötigste und servieren Informationen Häppchen für Häppchen, so generieren Sie viele kleine Erfolgserlebnisse. Geben Sie mehr Information, wenn nachgefragt wird.

Falls Sie ein Softwareprodukt haben, zeigen Sie die wichtigsten Informationen klar und ersichtlich. Bauen Sie eigene Demos, welche die Funktionalitäten zeigen. Produktfotos sollen klar, verständlich und emotional sein.

Das iPad in Abb. 2.28 wird dargestellt, um verkauft zu werden. Wie sieht Ihr iPad aus? Auf meinem iPad habe ich viel mehr Applikation und es schaut sicher nicht so einfach aus. Fünf bis acht Seiten zum Scrollen, Unterseiten und Folder. Das iPad im Produktfoto wird so dargestellt, dass es einfach wirkt.

Sie zeigen dem Kunden den Optimalfall und nur die schöne Seite Ihrer Produkte. Der erste Originaleindruck sollte gut sein. Beachten Sie jedoch, dass Sie dem Kunden nicht zu viel versprechen. Die menschliche Wahrnehmung kann schnell getäuscht werden. Ehrliche Reduktion im Verkauf ist alltäglich.

Nun möchte ich die vorgestellten Regeln und Lösungswege der Vereinfachung mit jenen der Dialoggestaltung nach ISO wie im Kap. 1.5 „Verständnis von Einfachheit" vergleichen.

Dialoggestaltung versus eigene Regeln

Vergleichen wir nun einmal die Dialoggestaltung mit unserer Vorgehensweise. Mit beiden Zugängen erreichen wir dasselbe Ziel, Produkt und Prozesse zu vereinfachen und besser zu gestalten. Jetzt liegt es an Ihnen, welche für Sie besser sind, und welche Sie in Zukunft einsetzen möchten.

Abb. 2.28 http://www.scubadiving.com/new-ipad-wallpapers-scuba-diving, zugegriffen am 01.04.2015

Tabelle 2.1 zeigt, dass beide Arten zum Ziel führen. Die in diesem Buch beschriebenen Wege decken jeweils mehrere Prinzipien der ISO-Norm ab. Nehmen Sie für sich die Elemente heraus, mit denen Sie arbeiten können. In den letzten zwei Kapiteln über Vereinfachung sprachen wir über Design. Design kann unter

Tab. 2.1 Vergleich Dialoggestaltung mit pragmatischer Vorgehensweise

	Herzschlag	Persona	Konsistenz	Priorisierung	Keine Info	Feedback	Design	Wahrnehmung
Aufgaben- angemessenheit	X			X	X			X
Selbstbeschreibungsfähigkeit			X			X		
Lernförderlichkeit	X	X	X	X		X	X	
Steuerbarkeit			X			X	X	
Erwartungs-konformität	X	X	X		X		X	X
Individualisierbarkeit			X				X	
Fehlertoleranz	X	X	X			X		

anderem emotionalisieren, weil Sie mit Farben und Formen arbeiten. Welche weitere Möglichkeiten es noch gibt, um Emotionen zu wecken, wird Ihnen nun im nächsten Schritt aufgezeigt.

Literatur

Lindgaard, Gitte, Gary Fernandes, Cathy Dudek, and J. Brown. 2006. Attention web designers: You have 50 milliseconds to make a good first impression! *Behaviour and Information Technology* 25 (2): 115–126.

Rawlinson, G. E. (1976) The significance of letter position in word recognition. Unpublished PhD Thesis, Psychology Department, University of Nottingham, Nottingham.

Wells, F. L. (1907) A statistical study of literary merit. *Archives of Psychology* 1 (7): 1–30.

Der Weg zur Emotion und zum Erlebnis – Emotionen im Marketing

3

Inhaltsverzeichnis

Zusammenfassung

Nun kennen wir die Kunst der Vereinfachung und den Beruf der Usability mit seinem gesamten Tätigkeitsfeld. Schon einfache Produkte und Dienstleistungen können zu einem Erlebnis werden, wenn die Erwartungen der Endkunden nicht sehr hoch sind. Doch wie können wir nun Erlebnisse kreieren wie es in der „User **Experience**" und „Customer **Experience**" schon im Wort gefordert ist, wenn die Einfachheit eine Grundvoraussetzung an ein Produkt oder Dienstleistung ist? In diesem Kapitel lernen Sie Wege und Möglichkeiten kennen, um Erlebnisse auf eine einfache Art und Weise zu schaffen um dadurch den Kunden in Ihren Bann zu ziehen, und folglich ein Verkaufserlebnis zu schaffen.

© Springer Fachmedien Wiesbaden 2016
J. Robier, *Das einfache und emotionale Kauferlebnis*,
DOI 10.1007/978-3-658-10130-5_3

Abb. 3.1 Die fünf Sinne

Es gibt drei Wege, mit Produkten und Dienstleistungen den Menschen emotional zu beeinflussen. Wir starten mit der einfachsten Möglichkeit:
emotional berühren,
die nächste Steigerung ist, einen Menschen
emotional zu begeistern,
dies sind jedoch nur statische, kurzfristige Möglichkeiten. Eine langfristige Beeinflussung ist, den Menschen
emotional zu binden.
Um diese drei Arten einsetzen zu können, müssen wir zuerst Emotionen mit all ihren Hintergründen verstehen, damit wir das menschliche Verhalten beeinflussen können. Als Grundvoraussetzung machen wir nun einen kleinen Exkurs in die Psychologie, bzw. in die Lernpsychologie.

► Grundsätzlich gilt:
Je mehr Sinneskanäle angesprochen werden, desto größer ist der Lernerfolg

Je unterschiedlicher wir uns einen Lernstoff aneignen, desto vielfältiger sind die Möglichkeiten des Erinnerns und Speicherns. Deshalb steigt die Erinnerungsquote deutlich an, je mehr Sinne am Lernprozess beteiligt sind (s. Abb. 3.1):

- Nur Hören 20%
- Nur Sehen 30%
- Sehen und Hören 50%
- Sehen, Hören und Diskutieren 70%
- Sehen, Hören, Diskutieren und selber Tun 90%

(Friedl 2013)
Der oben genannten Erinnerungsquote kann ich nur unter einer Voraussetzung zustimmen.

Ich habe Interesse!
Habe ich kein Interesse an dem, was ich tue, werden sich die Zahlen dieser Studie nicht bewahrheiten. Um das zu unterstreichen, versetzen wir uns kurz in den Alltag eines Studierenden. Es ist Prüfungszeit und Hochsommer, die Sonne scheint und man erfreut sich an 30 °C Außentemperatur. Der Beachvolleyballplatz und das Freibad sind nicht weit entfernt, jedoch müsste der Studierende eigentlich lernen. Es handelt sich um ein trockenes Fach, mit dem der Studierende wenig anfangen kann und auch in Zukunft nicht arbeiten möchte. Wo liegt hier der Fokus? In welchem Kontext bewegt sich der Studierende?

Alles andere interessiert den Studenten nun gerade mehr, als seine Lernunterlagen. Dennoch möchte er sich selbst dazu motivieren, zumindest 20 Seiten zu lesen und den Inhalt zu lernen. Er liest die ersten drei Seiten und hält inne. Was ist passiert? Der Studierende weiß nicht mehr, was er zwei Sätze zuvor gelesen hat, obwohl er vermeintlich durchaus motiviert war. Er hat sogar versucht, sich den Stoff selbst laut vorzulesen, um sich mehr zu merken. Ohne Erfolg, denn in Wahrheit konnte er kein Interesse für den Inhalt aufbringen.

Interesse und Motivation können Berge versetzten
Können Sie sich vorstellen, dass eine 80 Jahre alte Person noch chinesisch lernt? Wahrscheinlich nur sehr schwer. Wenn diese Person aber in dem Alter noch ihre große Liebe aus China kennen lernt, wird es sicher nicht lange dauern und die ersten chinesischen Worte sind gesprochen.

> Wir lernen nur das, was für uns wichtig ist.
> Wer sein Potenzial entfalten will, muss die eigene Begeisterungsfähigkeit wachhalten.
> Gerald Hüther

Das Gehirn des Menschen wiegt etwa 1,4 kg, macht etwa zwei Prozent des Körpergewichts aus und verbraucht trotzdem mehr als 20 % der Energie des gesamten Körpers (Roth 2001). Dies zeigt uns, wie stark und mächtig unser Gehirn sein kann. Zwanzig bis fünfzig Mal am Tag erlebt ein Kleinkind den Zustand der Begeisterung. Jeder dieser kleinen Begeisterungsstürme führt gewissermaßen dazu, dass im Hirn ein Orkan an Prozessen ausgelöst wird, der für alle Wachstums- und Umbauprozesse von neuronalen Netzwerken gebraucht wird (Hüther 2011). Aus diesem Grund ist es auch sehr wichtig, dass Kleinkinder immer beschäftigt werden. Dann werden alle diese Erfahrungen in unserem Frontalhirn, das ein Drittel des Gehirns ausmacht, gespeichert (s. Abb. 3.2).

Das Frontalhirn ist das Zentrum für unser emotionales Netzwerk (Wie habe ich es erlebt) und für unser kognitives Netzwerk. (So habe ich es erlebt).

Abb. 3.2 Unser Gehirn

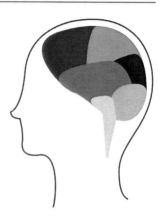

Dies beinhaltet in Folge (Antosik 2011) unsere:

1. Emotionen und
2. Erlebnisse

Wenn ich das Verhalten eines Menschen beeinflussen möchte, muss ich Emotionen und Erlebnisse verbinden. Gemeinsam wirken sie auf uns Menschen und können gelernte Strukturen ändern.

Aus den Bedürfnissen des Menschen entsteht die Motivation, etwas zu tun. Aus dem Erlebten fühlen wir eine Begeisterung, die wiederum mit einer Emotion verbunden wird. Daraus können wir die Schlussfolgerung ziehen, dass:

1. die **Zusammenhänge** ausschlaggebend sind, **nicht der Inhalt**
2. die **Erlebnisse** ausschlaggebend sind, **nicht der Inhalt**

...

Doch was ist nun ein **Erlebnis?** Erlebnisse drehen sich immer um den Menschen. Nur Menschen können Erlebnisse wahrnehmen und weitererzählen.

Erlebnisse sind immer emotional! Nehmen wir hierzu wieder unseren Sonnenaufgang als Beispiel. Ein Sonnenaufgang ist ein wiederkehrendes Event, das durch verschiedene Umwelteinflüsse jeden Morgen ein neues Farbenspiel bietet. Ein Sonnenaufgang ist – nüchtern betrachtet – kein Erlebnis. Erst im Zusammenhang mit anderen Begleitumständen oder Situationen des Lebens z. B. auf einer Klippe bei warmem Südwind mit dem Partner wird dies zu einem Erlebnis werden. Daher wird eine gute Erzählung auch mit solchen Begleitumständen ausgeschmückt und dadurch spannender beschrieben. Somit wird ein an sich neutraler Vorgang zu einem Erlebnis.

► Erst wenn Emotionen mit einem Ereignis verbunden werden, entsteht ein Erlebnis.

Diese Erlebnisse oder auch magischen WOW-Momente entstehen im Kopf eines jeden von uns. Wir können auch im Marketing keine Erlebnisse schaffen. Wir können nur dabei unterstützen und Voraussetzungen schaffen, solche Ereignisse zu generieren. Wir können **Schnittstellen und Interaktionen** so gestalten, dass der Kunde etwas erlebt. Wie kann ich nun den Menschen beeinflussen, ohne seine Bedürfnisse zu kennen?

3.1 Emotional berühren

Die einfachste Möglichkeit besteht darin, mit den **limbischen Beeinflussungsstrategien** zu arbeiten, welche sind:

- Mensch
- Kinder und Tiere
- Nahrung und Essen
- Angst
- Wiederholungen und Sympathie
- Humor
- Sexualität
- Glaubwürdigkeit von Personen

Dies sind auch Themen, mit denen in der Werbung sehr oft gearbeitet wird. Mit diesen Themen können Sie Menschen in allen Bereichen emotional leicht erreichen, da uns dies bewegt und emotional anspricht.

Maskottchen sind z. B. große Plüschtiere, die uns immer emotional ansprechen und die oft als „lieb" gesehen werden (s. Abb. 3.3).

Mit den in Abb. 3.4 und 3.5 dargestellten Grundemotionen, Sex und Angst, kann man plakativ schnell Informationen vermitteln. Die meisten Informationen aus der Umwelt verarbeitet der Mensch unbewusst, nämlich 95 % (Zaltman 2003).

► Farben sind *unbewusst* emotional. Sie schaffen Stimmungsbilder (s. Abb. 3.6)
Nutzen Sie diese unbewussten Dimensionen um Menschen zu begeistern.

Abb. 3.3 Maskottchen sind emotionale Figuren

Abb. 3.4 http://marketing-gui.de/2010/08/02/hart-harter-hirter-bierwerbung/, zugegriffen am 29.01.2015

Abb. 3.5 http://www.focus.de/digital/internet/das-trifft-ins-schwarze-werbekampagne-nutzt-dressgate-gegen-haeusliche-gewalt_id_4527124.html, zugegriffen am 01.04.2015

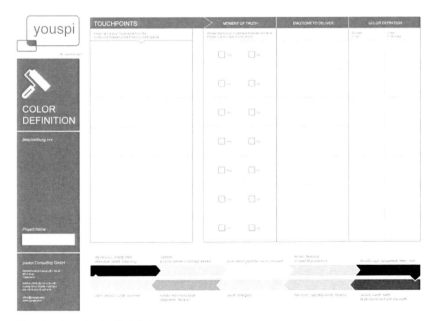

Abb. 3.6 Touchpoint Farbdefinition

Wie schaffe ich es, mit Fakten zu emotionalisieren? Fakten werden oft durch Zahlen oder Substantive dargestellt, egal ob wir nun ein Produkt oder eine Dienstleistung beschreiben. Das Hotel hat 67 Zimmer und eine Sauna. Klare Fakten. Doch wie kann ich Fakten nun emotionalisieren? Nehmen wir die Zahl 100:

100

Die Zahl 100 ist eine reine Tatsache, die uns nicht persönlich beeinflusst oder betrifft, da wir auch nichts damit verbinden. Etwas anderes wäre die Zahl Dreizehn, die viele als Glücks oder Unglückszahl sehen.

100

Starben bei einem Unfall

Wenn jedoch auf die Zahl 100 diese Sätze folgen, werden wir emotionalisiert.

100

Starben bei einem Unfall.
Viele Kinder verloren ihre Eltern.
Einer von Ihnen hieß Tim.

Würden z.B. auf „Tim, zwölf Jahre", noch die Worte, „Ihr Sohn" folgen, wäre ihr Erlebnis höchst emotional, aber auch negativ. So können Sie versuchen, Fakten durch Storys und Geschichten zu emotionalisieren, die einen Menschen wiederum persönlich berühren und dadurch relevant werden.

Wenn Sie selbst nun ganz bewusst auf emotionale Strategien und deren Anwendung achten und am morgigen Tag mit offenen Augen durchs Leben gehen, werden Sie merken, dass Sie tagtäglich mit hunderten verschiedener Eindrücke konfrontiert werden, welche, abhängig von Ihrer Emotionalität und Relevanz für Sie persönlich, unterschiedlich von Ihnen wahrgenommen werden.

Eine Steigerung ist die emotionale Begeisterung.

3.2   Emotional begeistern

Die nächst höhere Fähigkeit, aber auch Schwierigkeit, ist es, den Menschen emotional zu begeistern. Dazu schauen wir uns die Dimensionen der Begeisterung an:

- Überraschung
- gefühlte Wertschätzung
- Andersartigkeit
- Erfahrungen

Bei diesen Dimensionen funktioniert es nicht mehr, mit einzelnen Bildern zu emotionalisieren, hier benötigen wir schon persönlichen Kontakt oder auch längere Prozesse oder Dienstleistungen. Diese Formen der Begeisterung können in jeder Art privater oder beruflicher Situation auftreten oder eingesetzt werden.

3.2.1 Überraschung

- etwas Unerwartetes, das meine Erwartungen weit übertrifft (Service,
- Funktion…)
- das überraschende Gefühl, etwas unterschätzt zu haben
- ein Foto, das eine Situation zeigt, mit der ich sehr eng emotional verbunden bin und die eine total neue Sichtweise ermöglicht

---

Beispiel

Sie sind ein Businessreisender und steigen immer in derselben Hotelkette ab, da diese von Ihrem Unternehmen bevorzugt gebucht wird. Ihr Arzt hat bei Ihnen leider vor kurzem eine Laktoseintoleranz nachgewiesen. Nun sind Sie wieder unterwegs und wissen, dass dies eine kleine Herausforderung im Hotel werden kann. Angekommen in der Schweiz, schildern Sie an der Rezeption ihr Problem. Nach einem weiteren Hinweis am Frühstückstisch am nächsten Morgen gibt es kein Problem mehr. Drei Wochen später sind Sie nach Las Vegas unterwegs und erwarten, ihr Problem erneut erklären zu müssen. Doch schon an der Rezeption werden Sie auf ihr Anliegen im letzten Hotel angesprochen, und man informiert Sie über das alternative laktosefreie Angebot. Sie sind überrascht, dass der Informationsaustausch der Hotelkette weltweit funktioniert und dass Sie so personalisiert beraten und unterstützt werden. Somit steigt Ihre Loyalität gegenüber der Hotelgruppe enorm an.

Überraschungen haben immer mit Erwartungshaltungen zu tun. Diese können vorhersehbar sein – oder nicht. So können Sie Personen auch speziell darauf vorbereiten und immer wieder Hinweise auf ein bestimmtes Ereignis geben, um so die Neugierde zu wecken. Jeder gute Film hat einen Spannungsbogen, wobei gezielt ein Ende suggeriert wird, das dann meistens ganz anders aussieht als erwartet. Das bedeutet ein überraschendes Ende und impliziert somit zumeist auch einen guten Film. Neben der Überraschung ist die persönliche Wertschätzung ein tiefgreifendes Gefühl und eine Möglichkeit, Menschen zu begeistern.

3.2.2   Gefühlte Wertschätzung (Personalisieren)

- Sich verstanden und respektiert fühlen.
- Ein ehrliches Interesse an der eigenen Person spüren.
- Die Betrachtung als Individuum und nicht als Teil einer gesichtslosen Masse.

Die Kundeneinbindung in Produktentwicklungsprozessen und Dienstleistungsent-
wicklungen durch gemeinsame Meetings, in denen neue Ideen und Weiterentwicklungen kreiert werden (Co-Creation), kann Begeisterung auslösen. Wenn Kunden
auf offizieller Ebene eingeladen werden, mitzuarbeiten, zeigt das eine gefühlte Wertschätzung. Wenn Sie zusätzlich ein Dankeschön an diese Kunden übergeben, können Sie die Personen auch noch überraschen. Diese Art der Kundeneinbindung kann
die Loyalität zum Unternehmen stark erhöhen. Diese Möglichkeit der Begeisterung
ist in jedem Projekt möglich. Binden Sie Personen ein, die relevant sind. Zeichnen
Sie eine „Stakeholder Map" um herauszufinden, welche Personen dies sind.

Gefühlte Wertschätzung merkt man auch bei vielen CRM-Systemen. Von mei-
ner Bank bekomme ich zum Geburtstag über das System immer eine SMS, die mir
gratuliert. Würden Sie sich über so einen Service freuen? Hier würde ich mir lieber
keine Nachricht wünschen. Denn von gefühlter Wertschätzung, welche damit verbunden werden sollte, ist hier nichts zu merken.

Wenn Sie von Personen mit Namen angesprochen werden, die Sie kaum kennen, freuen Sie sich, in Erinnerung geblieben zu sein, denn Ihr Name ist etwas wert
und diese Wertschätzung fühlt sich immer gut an. Versuchen Sie morgen den Personen, mit denen Sie in Kontakt sind, mit noch mehr Respekt und größerer Achtsamkeit gegenüberzutreten. Sie werden merken, dass persönliche Wertschätzung
einen hohen Stellenwert in unserer Gesellschaft hat, der von vielen vergessen wird.

3.2.3   Andersartigkeit

- anders sein als alle anderen
- Dinge zu genießen und in Anspruch nehmen zu können
- Herausstechen aus der Masse

Anders zu sein als alle anderen, erfordert im Businessumfeld Mut oder ein klares
Ziel und eine Vision. Man muss Vorreiter und Innovator sein. Hier ist es oft ein
schmaler Grat zwischen „Genie und Wahnsinn" oder zwischen „geliebt und ge-
hasst". Möglichkeiten gibt es hier bei allen Kundenschnittstellen. Sobald die Erwartungen überschritten werden, kann man schon von Andersartigkeit sprechen.
Hier helfen nach einer gründlichen Kundenbedürfnisanalyse immer auch Kreativi-

tätsmethoden, wie die Lotus-Blossum-Methode von Yasuo Matsumura (Michalko 1994; s. Abb. 3.7):

1. Schreiben Sie die zentrale Herausforderung in die Mitte des Kreises.
2. Schreiben Sie die signifikanten Lösungen, Komponenten oder Dimensionen der Herausforderung in die acht Bereiche weiter außen.
3. Beginnen Sie von Neuem und versuchen Sie, für jeden der acht Bereiche wiederum acht neue Bereiche zu finden.

So können Sie strukturiert Ideen und Lösungen finden, die danach auf verschiedenste Arten priorisiert werden können.

Jahre lang war „Franz" (s. Abb. 3.8) einzigartig und eine Ausnahmeerscheinung in der österreichischen Werbung für einen Schuhhandel. Eine außergewöhnliche Werbung, die jeder kannte!

Andersartigkeit ist in allen Bereichen der Unternehmensführung und der Kundenkontaktpunkte einzusetzen. Sind Ihre Kunden unzufrieden oder haben Sie eine kleine Herausforderung mit Kunden zu lösen? Andersartigkeit, gepaart mit Persönlichkeit und ein wenig Witz, kann oft Wunder wirken.

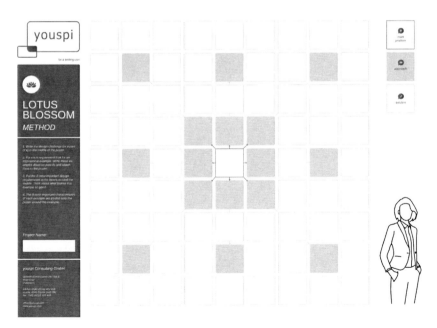

Abb. 3.7 Lotus Blossum by Yasuo Matsumura

Abb. 3.8 Humanic Werbung „franz" - http://derstandard. at/1577837040456/Shoe-manic-Guter-Franz-boe-ser-Franz, zugegriffen am 01.04.20115

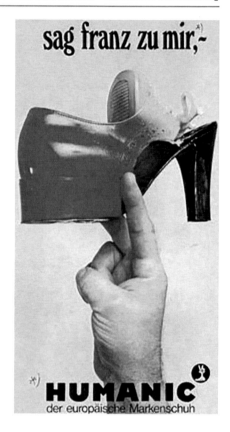

Beispiel

Busunternehmen haben zu Stoßzeiten oft die Schwierigkeit, ihre Fahrgäste dazu zu bewegen, weiter nach hinten zu gehen. Wenn viele Menschen vorne einsteigen, bleiben diese auch oft im vorderen Bereich stehen, sodass dort bald kein Platz mehr ist. So entsteht immer wieder die Situation, dass der Bus im Stehbereich einseitig ausgelastet ist. Der Busfahrer muss die Leute laut nach hinten bitten, und die Personen, die nun neu einsteigen, drängeln und sind unzufrieden. Die anderen Fahrgäste im Bus wollten nicht nach hinten gedrängt werden, so haben wir für diese Problemstellung drei verschiedene unzufriedene Zielgruppen. Wie kann man dies nun emotional – positiv oder negativ – beeinflussen, um das Problem zu lösen? Haben Sie eine Idee?

Abb. 3.9 Hinweisschild im Bus

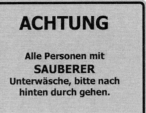

Um diesem Problem entgegenzuwirken, hat ein Busunternehmen durch Kreativsessions und eine zuvor durchgeführte Kundenanalyse, die richtige Lösung für seine Zielgruppe gefunden (vgl. Abb. 3.9).

In einem anderen Projekt wurde versucht, Emailadressen bei einem Event für ein Gewinnspiel zu akquirieren. Wunderbar wurde eine mobile Kampagne beworben, bei der man mit einem 2D-Code auf eine Webseite geleitet wurde, dort eine Frage beantworten sollte und danach noch seine Daten eingeben musste. Das Problem dabei war, dass der Prozess, den die Kunden durchlaufen mussten, nicht zu schaffen war:

- keine 2D-Code Reader auf dem Handy
- der Link funktionierte teilweise nicht
- die Teilnehmer bekamen keine Bestätigungsmail
- etc. ...

Bei einem anderen Event gab es eine ähnliche Aufgabenstellung, nämlich ebenfalls Emailadressen zu sammeln. Dafür wurde eine digitale Bilderwand konzipiert. Man kennt solche Pappkartonfiguren aus dem Zirkus oder aus Vergnügungsparks: Hier gibt es im Karton einen Ausschnitt für den Kopf, und man hat die Möglichkeit lustige Fotos zu machen. Dasselbe Prinzip wurde auf einem 43 Zoll Multitouchscreen umgesetzt, vor welchen man sich stellt. Dann wird das Gesicht von einer Kamera in das Sujet des Unternehmens projiziert, man bekommt eine Vorschau und danach klickt man auf den Auslöser (s. Abb. 3.10). Nach fünf Sekunden wird dann das Foto gemacht. Damit man das lustige Foto nun auch selbst bekommt, gibt man in einem letzten Schritt noch seine Emailadresse an.

Was ist der Vorteil einer solchen Applikation:

Abb. 3.10 Digitale App

Für den Kunden:

- persönliche Interaktion (selbst etwas tun)
- persönliche Ansprache durch das eigene Bild. Dadurch wird die Emailadresse gerne herausgegeben.

Für das Unternehmen:

- Einbindung der eigenen Brand
- Verbindung mit etwas Lustigem zur Brand
- Ein ROI von über 30 % mehr als bei jeder anderen Kampagne, bei einem Investment von 1/10 des Budgets

---

Beispiel

Eine kleine Provinzautowerkstatt hatte immer das Problem, dass ihre Kunden bei der Erstbesichtigung, aber auch bei kleineren Reparaturen, mit in die Werkstatt gingen und bei der Inspektion und Reparatur dabei sein wollten. Natürlich gibt es immer viele Fragen von den Kunden:

- wieso etwas gemacht wird
- wieso etwas anders gemacht wird, als man es kennt
- wieso überhaupt das getan wird

Abb. 3.11 Hinweisschild in
einer Reparaturwerkstatt

Preisliste

45 $/h Autoreparatur

60 $/h Autoreparatur & Zuschauen

75 $/h Autoreparatur & Tipps geben

Am Schluss kennt sich der Kunde immer besser aus. Im Grunde ist das ja nicht schlimm, jedoch brauchten die Mechaniker bis zu zehn Minuten länger pro Arbeitsstunde, das schlug sich über den Tag und über den Monat schon sehr auf die Leistungsfähigkeit nieder. Mit Hilfe eines Bekannten wurden dann Lösungsvorschläge vor allem für die „nervigen Kunden" ausgearbeitet. Die Lösung sehen Sie in Abb. 3.11:

Das Problem war damit sehr schnell behoben, die Mechaniker konnten ihrer Arbeit wieder mit voller Konzentration nachgehen.

Aber auch Großunternehmen können in der Produktentwicklung personalisieren, indem Konfiguratoren geschaffen und gebaut werden. Andersartigkeit im Verkauf von Schuhen wie im Beispiel bei Nike (s. Abb. 3.12) oder bei einem Auto, Motorrad oder bei Eheringen. Durch Personalisierung den persönlichen Wert zu erhöhen, hat in der Customer Experience sehr hohe Priorität.

Studien besagen, dass 86 % der Kunden mehr für Produkte und Dienstleistungen bezahlen würden, wenn sie bei Unternehmen ein Kundenerlebnis erhalten würden (PsychologyToday 2013).

Somit kommen wir schon zum vierten Punkt: den Erfahrungen und Erinnerungen. Die Steigerung der Experience durch Verknüpfung mit vorhandenem Wissen oder vorhandenen Erfahrungen.

3.2.4 Erfahrungen/Erinnerungen

- Setzen Sie Vergleiche mit erlebtem Wissen.
- Verwenden Sie aussagekräftige Metaphern.
- Nehmen Sie gelernte Situationen als Emotionsgeber.
- Erzählen Sie Geschichten.

Abb. 3.12 http://marcustroy.com/page/299/?attachment_id=tqxvmirrjbio, zugegriffen am 01.04.2014

Bei Erlebnissen setzt man gezielt auf das implizites Wissen jeder Person. Ist eine Kampagne schon jahrelang erfolgreich, kann darauf aufgebaut werden. Gibt es eine Schokolade die sehr gut schmeckt, wird man dieses erfolgreiche Produkt nicht ändern. Allein die Farbe der Produktverpackung könnte schon ein Erlebnis mit bzw. Erinnerungen an die leckere Schokolade auslösen.

In diesem Zusammenhang werden oft geschichtliche Elemente aufgegriffen oder Persönlichkeiten in der Werbung eingesetzt. Eine erfolgreiche Person, die einen hohen Bekanntheitsgrad hat, erregt mehr Aufmerksamkeit als eine unbekannte Person.

Beispiel

Hier möchte ich nur ein sehr erfolgreiches Beispiel aufgreifen. Gatorade Replay (s. Abb. 3.13) erzählt die Geschichte vom Finale eines American Football High School Spiels, das unentschieden ausging. Die beiden High Schools verbindet eine jahrelange Rivalität im Football. Gatorade organisierte eine Wiederholung des Spiels mit denselben Spielern und derselben Location fünfzehn Jahre danach.

Abb. 3.13 http://www.advertolog.com/gatorade/promo/replay-13720655/ zugegriffen am 01.04.2015

Abb. 3.14 2D Code zum youtube Link

Gatorade setzt hier auf die Erinnerung an ein Spiel, das unentschieden ausging. Die Emotionen in diesem Spiel waren vorprogrammiert. Gatorade spielte auch mit der Andersartigkeit, denn so ein Replay gab es in der Geschichte noch nicht. Alle Bewohner im Umkreis waren emotional inkludiert (Abb. 3.14).

Was ergab sich aus diesem Spiel?

- Es wurden mehr als 20.000 Tickets innerhalb kürzester Zeit verkauft.
- Gatorade generierte $ 3.415.255 Medienwirkung mit dem Einsatz von $ 255.000.
- Replay wurde 2009 zurTop Story bei CNN.
- Aus Replay wurde eine TV Serie für 90 Mio. Haushalte.
- Die regionalen Gatorade-Verkaufszahlen stiegen um 63 % (TheGuardian 2014, 05).

[1] 014,05

Suchen Sie **nicht** nach der richtigen Nachricht oder dem Medium, die oder das Ihre Inhalte übermitteln soll, auch nicht nach einer neuen Technik oder nach alten Methoden wie: Die Printwerbung ist die Lösung auf alle Fragen in der Informationsvermittlung. Denn Kunden *kaufen **Geschichten und Bedürfnisse*** und keine Funktionen oder coole Übertragungsmedien. Der Erfolg liegt in der emotionalen Bindung der Menschen.

3.3 Emotional binden

Wir hinterfragten, welche Art der Informationsaufbereitung die beste für unser Gehirn ist. Mit Storytelling gibt es eine Möglichkeit, die schon seit Jahrtausenden in verschiedensten Völkern praktiziert wird und für die sich unser Gehirn angepasst hat.

> We don't have 30 s to be interrupted by advertising, but however, when audiences are exposed to content that is valuable, entertaining, emotive and simply enjoyable – even if it's branded – they miraculously have 30 min to watch and then share the content with their own audiences.
> Mark Scaefer

Storytelling ist die beste Alternative zum live Erlebten Storytelling oder auch das „Erzählen von Geschichten" ist eine für den Menschen ideale Methode, um Informationen aufzunehmen und zu behalten.

Es gehört zu den Geniestreichen der Evolution, Informationen in Form von Geschichten zu verarbeiten, zu speichern und weiterzugeben. Denn nur so schafft es unser Gehirn mit seinen über 100 Milliarden Nervenzellen, Muster zu knüpfen, mit denen sich Voraussagen treffen lassen und die damit der Fortpflanzung, Anpassung und dem Überleben dienen.
Werner Fuchs

Viele Bereiche der Informationsaufbereitung können Geschichten unterstützen:

• Gutes Design erzählt Geschichten.
• Gute Inhalte und
• gute Strategien erzählen Geschichten.

Um Informationen über Produkte oder Dienstleistungen weiterzugeben, werden meistens Fakten verwendet. Wer merkt sich Fakten? Wer erzählt auch schon eine Geschichte über sein Produkt oder sein Service?

Produkte und Dienstleistungen haben immer ein Ende.
Erst der tiefere Wert liegt in der Geschichte.
Arne van Oosterom

Fakten alleine erzählen nichts. Diese Daten haben ein Ende, soll heißen, dass sie nicht so schnell oder einfach in unser Langzeitgedächtnis übernommen werden. Es gibt zu wenige Verknüpfungen in unserem Gehirn, um sie aufzunehmen. Dafür müssten wir diese Fakten lernen. Hier kommen wir wieder zum Beginn des Buches zurück: Wie vermittle ich Informationen? „Geschichten transportieren implizite, kulturell gelernte Bedeutungen, weit über das Offensichtliche und Explizite hinaus" (Scheier und Held 2006).

Warum Geschichten?

• **Geschichten** helfen, Menschen zu *verstehen und zu motivieren*
• **Geschichten** helfen beim *Lernen, Erinnern und Teilen*
• **Geschichten** *motivieren, überzeugen, informieren und inspirieren*
• **Geschichten** haben einen *emotionalen Einfluss*
• **Geschichten** produzieren einen **Erlebnisersatz**
• **Geschichten** geben einer Information **eine Bedeutung**
• **Geschichten** stoßen **nicht auf Widerstand – Werbung schon**
• **Geschichten** *erzählt man weiter!*

Sollten Sie jetzt noch immer nicht davon überzeugt sein, dass Geschichten wichtig und die beste Methodik sind, um Informationen oder Fakten zu vermitteln, dann denken Sie einmal an Ihre Kindheit. Wie bringen wir unseren Kindern bei, dass Sie nicht zu Fremden ins Auto steigen dürfen, dass dies eine gefährliche Situationen sein könnte? Wir lesen Ihnen Geschichten vor! Geschichten sprechen alle Sinne an, wodurch sie verstärkt im Gedächtnis gespeichert werden. „Ein Bild sagt mehr als 1000 Worte. Eine Geschichte aber, sagt mehr als 1000 Bilder" (Simoudis 2004).

Die Wichtigkeit von Geschichten unterstreichen auch Gedächtnisforscher, welche vom episodischen Gedächtnis sprechen, denn das Gehirn hat eigene neuronale Netzwerke für Geschichten, dich sich rein um deren Verarbeitung und Speicherung kümmern. Hier werden Lebenserfahrungen und Erlebnisse gespeichert, auf die jeder Mensch immer wieder zurückgreift und welche unser Verhalten unbewusst gravierend beeinflussen (Herbst und Scheier 2004). Das sind unsere eigenen Erfahrungen, für die unser Gehirn eine große Speichermenge zur Verfügung stellt. Kurz gesagt, hier werden alle unsere Erinnerungen gespeichert. Diese werden zum Großteil von Emotionen begleitet. Solche Erfahrungen müssen nur einmal erlebt werden, um sie prägend zu speichern (Pöppel 2001).

Nehmen wir uns das Geschichtenerzählen zu Herzen. Auch bei Geschichten dreht sich alles um das Herz eines Produktes oder einer Dienstleistung. Nur, wenn man darüber erzählt, wird es zu einer glaubhaften, ehrlichen Geschichte. Daher gilt:

▶   Storytelling ist das Werkzeug, um Konzepten Leben einzuhauchen!

Ich möchte es nun noch einmal auf den Punkt bringen und den Bezug zwischen Geschichten erzählen und der Wirtschaft herstellen. Was ist das Ziel oder die Aufgabe einer Geschichte?

• Lebenserfahrung vermitteln (Training)
• Sachinformationen vermitteln (Sales)
• Problemlösungen aufzeigen (allgegenwärtig)
• Denkprozesse einleiten (Entwicklung etc. …)
• Verhaltensänderungen anregen (Human Ressource)
• zum Handeln motivieren (Werbung)
• Anschauungsvermögen fördern (Management)
• Wissen weitergeben (Allgegenwärtig) ….

Wie erzählt man nun eine Geschichte? Gibt es eine Struktur dafür? Geschichten müssen natürlich Struktur haben, um vom Gehirn als solche erkannt und gespeichert zu werden. Fehlt ein Teil, fehlt etwas in der Geschichte. Wird zu viel erzählt, wird sie unglaubwürdig! Die optimale Dramaturgie einer Geschichte ist wie folgt aufgebaut:

1. eine Ausgangssituation mit Emotion
2. eine sympathische Hauptfigur & Einflussfigur
3. Kontrast (Spannungen)
4. Interesse durch Herausforderungen, die überwunden werden müssen
5. eine persönliche Weiterentwicklung
6. Happy End, Pointe bzw. was lernen wir aus der Geschichte?

Die bekanntesten Geschichtenerzähler neben unserer Mama und Oma kommen aus Hollywood. Aus den 22 PIXAR STORY RULES (Pixar 2014) stammt diese Regel, um eine Geschichte kurz und prägnant zu erzählen und die lautet wie folgt:

Regel Nr. 4:	Once upon a time there was ___.
	Every day, ___.
	One day ___.
	Because of that, ___.
	Until finally ___.

Um es ein wenig zu vereinfachen, habe ich die folgenden zehn Regeln für die optimale Entwicklung einer Story identifiziert.

10 Schritte zur optimalen Story.

1. Was ist das **Ziel Ihrer Geschichte**? Was möchten Sie erreichen?
Zu Beginn müssen wir uns wohl oder übel einige Fragen stellen:
 – Was möchten Sie mit der Geschichte vermitteln?
 – In welchem Umfang?
 – Was möchten Sie konkret auslösen?
Das sind hier drei einfache Fragen, versuchen Sie Ihre diesbezüglichen Ziele einmal in wenigen Worten mit Ihren Mitarbeitern oder für sich selbst zu definieren. Schlafen sie ein bis zwei Nächte darüber, und stellen Sie sich die Frage noch einmal. Ist es noch dasselbe Ziel?
  Geschafft? Sie wollen den „Reason to believe" Ihres Unternehmens als Geschichte an Ihre Kunden und zukünftige Kunden vermitteln? Dann kommen wir zur nächsten Frage:

2. Welche **Emotionen** möchten Sie wecken?

Bei jeder Geschichte gibt es eine Grundemotion, welche die gesamte Geschichte begleitet. Die Grundemotionen noch einmal kurz zusammengefasst:

- Wut
- Trauer
- Freude
- Überraschung
- Ekel
- Angst
- Liebe

Dies ist wichtig, um das Ziel nicht aus den Augen zu verlieren. Das sollte normalerweise nicht so schwer sein oder?

Was immer eine lustige und spannende Aufgabe ist, kommt im dritten Schritt.

3. Definieren Sie Ihre **Helden.**

Je nach Zieldefinition werden wir einen anderen Helden in der Geschichte einsetzen müssen (vgl. Tab. 3.1).

Auch bei einem Roman muss im Vorhinein klar definiert werden, wer der Held ist, und welche Verknüpfungen zur Umgebung und zu Gegenspielern entstehen sollen. Bei Filmen und Romanen gibt es oft viele Helden. Jeder Held hat sozusagen seine eigene Geschichte, jedoch wird der Hauptstrang um zumeist einen Helden erzählt. Alle anderen Erzählungen werden mit der Hauptgeschichte verknüpft, müssen aber für sich funktionieren. So werden in Verfilmungen oft Einzelcharaktere herausgenommen und neue Geschichten erzählt. Was ist der Mehrwert?

- Den Charakter kennt man schon.
- Es gibt schon Verknüpfungen, auf die wir zurückgreifen können, denn es steht schon eine Geschichte dahinter.

Was ist nun Ihre Geschichte?

Tab. 3.1 Definition des Helden, je nach Ziel

Ziel	Held
Zielgruppe soll selbst aktiv werden	Zielgruppe
Markenstärkung	Produkt/Ort
Zielgruppe soll Sie unterstützen	Organisation
Führungsqualitäten vertrauen	Führungskraft

Abb. 3.15 Schreibe Sie Ihre
Geschichte

4. Finden Sie Ihre **Geschichte.**
Erst jetzt, nachdem der Held, die Emotionen und das Ziel definiert wurden, können
Sie sich eine Geschichte überlegen. Dazu müssen Sie sich wieder folgende Fragen
stellen:

- Für wen erzähle ich die Geschichte?
- Gibt es branchenspezifische Themen?
- Gibt es Orte, spezielle Zeichen, Originalgeschichten?

Hier empfiehlt es sich, Kreativsitzungen in einer kleinen Runde zu organisieren
und über die Geschichte zu diskutieren oder strukturiert eine optimale Geschichte
zu entwickeln.
   Eine Möglichkeit besteht darin, dass Sie dem Management oder den Mitarbeitern die Aufgabe geben, eine A4 Seite über das Unternehmen zu schreiben (s.
Abb. 3.15). Nun gibt es mehr Möglichkeiten:

1. Sie versuchen selbst, gemeinsam eine Geschichte zu erfinden und aufzubauen.
   Das ist aber die schwierigste Möglichkeit. Die Wahrscheinlichkeit, dass sie
   unglaubwürdig wird, ist sehr hoch. Hier sollten Sie Profis zur Unterstützung
   holen.
2. Sie nehmen eine wahre Geschichte aus Ihren „gesammelten Werken" und bauen
   darüber Ihre Geschichte auf. Falls das gemacht wird, bauen Sie den Erzähler der
   Originalgeschichte mit in das Projekt ein

Sie haben Ihre Geschichte gefunden, dann lassen Sie uns das Herz untersuchen.

Tab. 3.2 Beispiele für „Beschreibe dein Herz"

Vertrauen	Seit Monaten arbeiten Sie an einem spannenden Projekt im Team. Seit wenigen Tagen wird die Kommunikation mit Ihnen aber immer geringer. Heute haben sich alle Ihre Kollegen am Mittagstisch weggesetzt und haben Sie alleine gelassen. Auch Ihr bester Freund und Kollege ging nur an Ihnen langsam vorbei, schaute Sie verärgert an und ging zum anderen Tisch… Was habe ich falsch gemacht? Es ist der Zeitpunkt an dem man merkt, dass man etwas falsch gemacht hat. Hier beginne ich nachzudenken … und zu verstehen
Tod	Das uralte Telefon in Opas Zimmer klingelt. Hier hat schon jahrelang niemand mehr angerufen. Gleichzeitig beginnt die Standuhr zu schlagen. Ein lautes Klingen überschallt den Ton des Telefons. Sie gehen langsam zum Telefon und nehmen den Hörer ab. Voller Angst vor dem Unerwarteten heben Sie Ihre Hand und legen den Hörer an Ihr Ohr. Eine tiefe Stimme sagt zu Ihnen: … Ein unerwarteter Anruf (Es ist in der Ferne etwas passiert)
Verlorene Kindheit	Sie beschäftigt irgendetwas in Ihrem Leben. Sie sind damit nicht zufrieden. Bei der Arbeit läuft es nicht rund, in Ihrer Beziehung tun Sie sich schwer. Ihre Kinder wollen nicht auf Sie hören. Ein breites Verlangen sagt Ihnen, dass Sie nach Hause in Ihren Heimatort fahren sollten. Bei Ihren Eltern angekommen, fällt Ihnen im rechten Rückspiegel ein Baum auf. Hier waren Sie immer in Ihrer Kindheit. Sie steigen aus dem Auto und gehen über ein Feld und durch sehr hohes Gras dem Baum entgegen, bei dem Sie in der Kindheit immer viel gespielt haben. Dieser Baum kommt Ihnen heute noch viel größer vor. Er steht auf einer kleinen Anhöhe, die Äste hängen meterweit um den Stamm herunter. Dort sehen Sie etwas in den Baum geschnitzt: … Rückkehr zu einem Baum (Zeichen für Stabilität)

5. Beschreibe dein **Herz**!

Ihr Herz der Geschichte ist nicht der Beginn, und es sind ebenso nicht die Herausforderungen, die gemeistert werden müssen. Das Herz der Geschichte ist der Moment, in dem der Held einen Wahrnehmungswechsel durchläuft und nun den richtigen Weg geht, um zu einem guten Ende zu kommen (vgl. Tab. 3.2).

Folgende Fragen helfen Ihnen dabei:

- Was ist der Moment, in dem sich alles ändert?
- Was macht die Geschichte interessant?
- Worauf habe Sie hin gearbeitet?
- Welche Details müssen Sie erzählen?

Hier muss darüber nachgedacht werden, ob Sie sich mit explizitem Wissen (das Offensichtliche und klare Informationen) oder auch mit implizitem Wissen (Informationen, die nur wenige oder einzelne Personen haben können) auseinander setzen sollen. Welche Informationen, die in Ihrer Geschichte vorkommen, müssen erklärt werden. Hier kann man sich oft verlaufen, da das gewisse implizite Wissen, die Verknüpfungen des Schreibers, bei anderen Personen nicht vorhanden ist. Erzählen Sie Ihre Geschichte deshalb auch außerhalb des Teams und testen Sie sie. Funktioniert der Inhalt und wird er verstanden, können Sie weiter machen. Werden Fragen gestellt, sollten Sie noch einmal an Ihrer Geschichte feilen. In einer Geschichte sollten keine Fragen offen bleiben. Ihr Zuhörer muss am Ende zufrieden schlafen gehen können.

Also: Kreieren Sie Ihre Geschichte, bis **keine Fragen** von Außenstehenden übrigbleiben.

Für Geschichten ist es gut, dass man deren Herz nicht nur erzählt, sondern auch bildlich darstellt.

ZEIGEN SIE IHR HERZ, ERZÄHLEN SIE NICHT DAVON.

Den Höhepunkt haben wir geschafft. Nun kommt der nächste und zwar gleich zu Beginn der Geschichte.

6. **Starten Sie** emotional und mitreißend.

Am Beginn jeder Geschichte müssen die Leser oder Zuschauer schnell in die Geschichte hinein gezogen werden. Ein emotionaler Start und das Vorstellen der Story sorgen dafür, dass weitergelesen wird, dass man sich identifiziert, dass es interessant wird.

Ein Start, mit dem Sie nichts falsch machen können klingt wie folgt:

- Es begann mit einer Reise nach…
- Letze Woche bekamen wir Besuch von…

Diese Sätze leiten einen Start mit einer untypischen Situation ein. Es ist etwas, das einen Reiz in das Leben des Helden bringt. Zu Beginn einer Geschichte muss immer auf die Katzenregel geachtet werden. Haben Sie schon einmal mit einer jungen Katze gespielt (s. Abb. 3.16)? Haben Sie schon einmal eine Schnur zur Katze hingehalten, sodass sie danach fasste? Die Katzenregel besagt, dass Sie die Schnur nicht zu weit zur Katze hinwerfen dürfen, denn dann wird es langweilig. Sie dürfen die Schnur aber auch nicht zu weit weg halten, sodass es unmöglich wird, diese zu erreichen.

Dasselbe gilt für den Start einer Geschichte. Starten Sie nicht zu langweilig, aber auch nicht so, dass es unrealistisch wird. Finden Sie eine gute Mitte, damit es spannend bleibt.

Abb. 3.16 Die Katzenregel

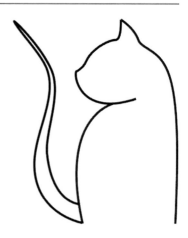

7. Was ist Ihr Happy End?

Ein **Happy End – eine Vision** ist für den Großteil der Menschheit ein Grund, um eine **Geschichte** weiterzuerzählen. Gestalten Sie Ihre Geschichte so, dass es für Ihren Helden gut ausgeht. Wenn sie die Geschichte noch umdrehen möchten, haben Sie dies hoffentlich schon in Ihrem Ziel zu Beginn definiert. Achten Sie nur darauf, dass Sie Ihre Zuhörer und Leser nicht unglücklich machen.

Das Happy End ist geschafft. Fertig! Oder doch nicht?

Nun folgt der Hauptteil der Geschichte.

8. Erzähle den Weg zur Erkenntnis?

Nun ist es soweit, dass Sie den Weg vom Beginn der Geschichte bis hin zum Herzen erzählen können. Die Spannung muss langsam aufgebaut werden (vgl. Abb. 3.17). Der Held soll üblicherweise Hürden überwinden. Ein starker Kontrast zwischen Held und Gegenspieler ist sehr wichtig. Erzählen Sie die Herausforderungen zwischen den beiden. Der Weg zur Erkenntnis ist der sogenannte Hauptteil, und dieser definiert, wie lange die Geschichte dauert.

Je nachdem, was Sie vermitteln möchten, und welche Zielgruppe Sie ansprechen, kann Ihre Geschichte von nur wenigen Sekunden bis hin zu vielen Stunden dauern. Wird es ein 30 Sekunden Spot, ein Roman oder doch nur eine Kurzgeschichte?

Es ist natürlich wieder Kreativität gefragt! Wie schon einmal beim Herzen der Geschichte angedeutet, müssen Sie Ihren roten Faden in der Geschichte auch hin und wieder anderen Leuten zeigen und erzählen. Denn im geschlossenen Team können Sie sich leicht verlaufen oder auch ein eigenes Wissen aufbauen, das außerhalb Ihres Kreativspots nicht mehr verstanden wird.

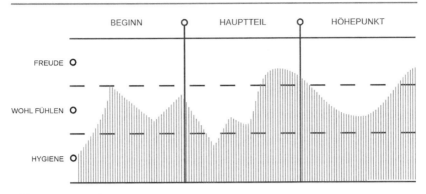

Abb. 3.17 Das optimale Drama

9. **Testen** Sie Ihre Geschichten.
Eines der wichtigsten Elemente des Geschichtenerzählens ist das Testen einer Geschichte. Sie können dies mit vielen verschiedenen Methoden und Tools durchführen.

- Fokusgruppen
- Lead-User-Einbindung
- Crowd Sourcing
- Befragungen
- Usability-Tests
- Kaffee-Tratsch

Die einfachste, effizienteste und schnellste Methode ist der bekannte „Kaffee-Tratsch" mit Kunden, Freunden oder Bekannten. Erzählen Sie Ihre Geschichte und fragen nach einem ehrlichen Feedback. So können Sie schnell und einfach Ihre Geschichte weiterentwickeln oder verwerfen und neu beginnen. Passen Sie gut auf, dass Sie sich das Feedback Ihrer „Kunden" zu Herzen nehmen. Stellen Sie sich nicht stur, wenn Sie negatives Feedback bekommen. Es könnte den Erfolg erhöhen oder zerstören. Hören Sie darauf – und noch einmal:

▶ Solange nachgefragt wird, müssen Sie Ihre Geschichte weiterentwickeln! Jede Frage muss beantwortet sein!

10. Storyboarden für die **digitale Welt.**
Der letzte Schritt ist das Storyboarden. Zeichnen Sie Schritt für Schritt die wichtigsten Situationen auf, um diese in die digitale Welt zu bringen. Erst danach kann man entscheiden, mit welchen Tools oder Medien die Geschichte erzählt werden soll.

Eine kleine Hilfestellung gibt Ihnen das Working Tool in Abb. 3.18. Es werden die wichtigsten Elemente abgefragt. Wenn Sie eine Geschichte erzählen möchten, nehmen Sie die Vorlage als Arbeitsblatt!

Sie wissen nun auch, wie man Kunden emotionalisiert. Der rote Faden noch einmal zusammengefasst:

1. Wir müssen begeistern, um Erinnerungen zu schaffen.
2. Erinnerungen entstehen durch emotionale Erlebnisse.
3. Diese schaffen wir durch persönliche Geschichten.
4. Mit Geschichten schaffen wir langfristige Erinnerung.
5. Langfristige Erinnerung schafft Loyalität

Und das ist Teil der User Experience und Customer Experience.

Im nächsten Kapitel möchte ich Ihnen einige Methoden zur Integration von Vereinfachung und Emotionalisierung im Gesamtkontext, im Unternehmen oder in Projekten vorstellen.

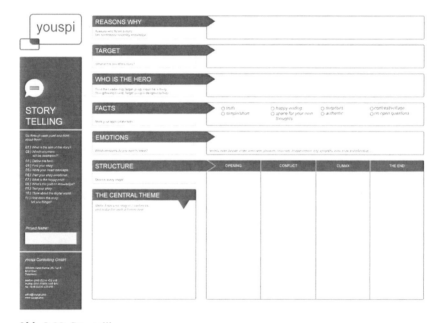

Abb. 3.18 Storytelling

Literatur

Antosik, J. 2011. Neurolinguistik: Verschiedene Hirnareale für Syntax und Semantik? Uepo. de. http://uepo.de/2011/10/05/neurolinguistik-verschiedene-hirnareale-fur-syntax-und-semantik/. Zugegriffen: 21. April 2015.

Friedl. 2013. http://tu-dresden.de/die_tu_dresden/fakultaeten/philosophische_fakultaet/ifpw/polsys/lehre/lva/2007/friedel/praesentation1.pdf. Zugegriffen: 24. Juni 2014.

Herbst, D., und C. Scheier. 2004. *Corporate imagery*. Berlin: Cornelsen.

Hüther, Gerald. 2011. *Was wir sind und was wir sein könnten: Ein neurobiologischer Mutmacher*. Frankfurt a. M.: S. Fischer. https://de.wikipedia.org/wiki/Spezial:ISBN-Suche/9783100324054. ISBN 978-3-10-032405-4.

Markman, A. 2013. Ulterior motives – How goals, both seen and unseen, drive behavior. PsychologyToday. https://www.psychologytoday.com/blog/ulterior-motives/201005/say-itloud-im-creation-distinctive-memory. Zugegriffen: 21. April 2015.

Michalko, M. 1994. *Thinkpak*. Berkeley: Ten Speed Press.

Pöppel, E. 2001. One-trial-learning. Was ist Wissen? Vortrag anlässlich der festlichen Semestereröffnung an der Universität zu Köln am 19. Oktober 2001.

The Pixar Touch. http://www.pixartouchbook.com/blog/2011/5/15/pixar-story-rules-one-version.html. Zugegriffen: 29. Jan. 2014.

Roth, G. 2001. Neurobiologische Grundlagen des Bewusstseins. In *Neurowissenschaften und Philosophie,* Hrsg. M. Pauen und G. Roth, 164 f. München.

Scheier, C., und D. Held. 2006. *Wie Werbung wirkt*. Planegg: Haufe Verlag.

Simoudis, G. 2004. *Storytising. Geschichten als Instrument erfolgreicher Markenführung*. Groß-Umstadt: Sehnert Verlag.

Zaltman, G. 2003. *How customers think: Essential insights into the mind of the market*. Cambridge: Harvard.

Methoden der Beeinflussung

4

Inhaltsverzeichnis

Zusammenfassung

Das einfache und emotionale Kauferlebnis. Aus dem Buchtitel haben wir uns nun mit der Einfachheit und der Emotionalität beschäftigt. Das Kauferlebnis haben wir auch schon in bestimmten Themen und Bereichen erreicht. Doch wie können wir nun Unternehmensweit und strukturiert diese Kauferlebnisse schaffen. Wie binde ich die Einfachheit und Emotionalität in meine Produkt- und Dienstleistungsentwicklung ein? In diesem Abschnitt bekommen Sie einen Einblick in Methoden und Gesamtkonzepte die Sie für Sich oder Ihr Unternehmen einsetzen können. Jedoch bedenken Sie, dass Prozessänderungen oder ein kundenorientiertes Umdenken stattfinden muss, um die folgenden Methoden einzusetzen.

© Springer Fachmedien Wiesbaden 2016
J. Robier, *Das einfache und emotionale Kauferlebnis,*
DOI 10.1007/978-3-658-10130-5_4

Nun möchte ich Ihnen zeigen, wie man Einfachheit und Emotionalität strukturiert und mit Methoden verbindet oder anwendet. Wir starten mit der Vereinfachung eines Prozesses oder einer Dienstleistung. Die betreffenden Methoden heißen:

- Customer Journey Simplification
- Customer Journey Mapping
- Customer Journey Innovation
- Story Centered Customer Journey

4.1   Customer Journey Methoden

Die Customer Journey ist eine ganz einfach Methode: Man versetzt sich in die Fußstapfen des Kunden und visualisiert Prozesse oder Dienstleistungen aus dessen Sicht. Es wird aber nicht gelingen, die Sicht des Kunden vollständig umzusetzen, da sie immer von durch die eigenen Voraussetzungen gefärbt sein wird. Kunden denken anders.

Im Alltag sehen Unternehmen oft nicht, wie kompliziert und unverständlich manche Prozesse und Dienstleistungen aufgebaut sind. Es wird unter anderem nicht verstanden, wieso Kunden immer schlecht aufgelegt sind, oder wieso Kunden den Anbieter wechseln. Betrachten Sie dazu die Studienergebnisse in Abb. 4.1, 4.2, 4.3 und 4.4:

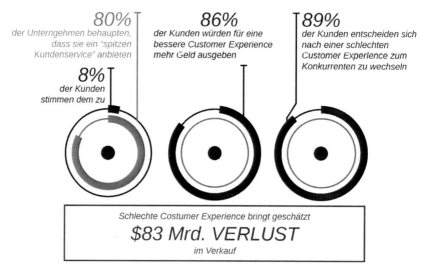

Abb. 4.1 Customer Experience, Psychology today, 2013

Abb. 4.2 Servicequalität

Abb. 4.3 2D Code zum LINK Customer Experience

Abb. 4.4 2D Code zum Link Servicequalität

Vgl. http://www.allbusiness.com/10-customer-service-mistakes/16569183-11. html

Vgl. http://fonolo.com/blog/2012/03/customer-experience-statistics-2012/

Hinter jedem Kundenservice stehen Prozesse und Dienstleitungen. Um diese zu optimieren, wurden die vier Customer-Journey-Methoden entwickelt. Diese sind eng verknüpft und sollten miteinander ausgearbeitet und entwickelt werden, da jeweils derselbe Prozess oder dieselbe Dienstleistung damit abgebildet werden. Bevor wir damit starten, muss der Prozess an sich definiert werden:

1. Definieren Sie den Prozess oder die Dienstleistung.
2. Definieren Sie den Startpunkt oder die Startpunkte für den Kunden.
3. Definieren Sie das Ziel. Wie können Sie den Erfolg schlussendlich messen?

Wie sieht das aus?

4.1.1   Customer Journey Simplification

Wir starten mit der einfachsten und schnellsten Methode, die in einem Workshop ausgearbeitet werden kann. In jedem Workshop sollten natürlich alle Hauptverant-wortlichen des Prozesses mit eingebunden werden. Ob es sich um Prozessverant-wortliche, Servicemitarbeiter oder das Management handelt – es sollten sich alle zusammensetzen, um ein gutes Ergebnis zu erzielen.

Interdisziplinarität ist ein Schlagwort – für Innovation!
Das wird wahrscheinlich oft nicht so einfach möglich sein, deswegen schlage ich im ersten Schritt eine Erarbeitung im kleinen Team vor, gefolgt von der Einbindun-gen der weiteren Keystakeholder.

Was macht nun die Customer Journey Simplification?

Sie visualisiert den einfachsten möglichen Prozess für den Endkunden ohne die Hürden, die aus Unternehmens- oder rechtlicher Sicht oft notwendig sind. Und so gehen Sie vor:

1. Zeichnen Sie den Startpunkt und das Ziel auf ein großes Blatt Papier.
2. Nun folgt der einfachste Weg mit all seinen Touchpoints, ohne an externe Anforderungen oder Einschränkungen zu denken.

Wie hilft uns das, den Prozess zu optimieren? Die Customer Journey Simplifica-tion wird im nächsten Schritt dem „echten" Customer Journey Mapping gegen-übergestellt, mit dem Sie versuchen, die Kundenreise zu vereinfachen. Oft werden hier Lösungen zur Vereinfachung gefunden, die nach einem „normalen" Customer Journey Mapping nicht mitbedacht werden. Die Customer Journey Map ist ein wichtiger Bestandteil der Kundenoptimierung von Prozessen und Dienstleistun-gen. Vereinfachen kann auch heißen, dass Sie eine zusätzliche Schnittstelle integ-rieren müssen.

Was ist für Sie schneller zu verstehen vom Start eins bis zum Ziel neun?

1	2				6			9

Oder

1	2	3	4	5	6	7	8	9

Funktionalitäten zu erhöhen, sollten Sie aber nicht zur Regel machen. Denn durch zusätzliche Information wird es nicht immer einfacher. Hier sind die zusätzlichen Zahlen deswegen einfacher, da sie in unserem Gehirn genau in der Reihenfolge eins bis neun abgespeichert sind. Sollte ihr Prozess wie folgt ablaufen,

4   7   1   9   3   5   2   6   8

dann ist eine Verringerung der Zahlen sicher eine Vereinfachung! Denn dies wäre eine unvorhersehbare Reihenfolge, welche von uns nicht gelernt ist. Diese Reihe können Sie auch mit komplexen Systemen vergleichen. Eine zusätzliche Schnittstelle, die einen zusätzlichen Erklärungsbedarf hat oder sogar eine andere erklärt, ist eine Schnittstelle zu viel.

Ist das geschafft, geht es mit dem Customer Journey Mapping weiter.

4.1.2   Customer Journey Mapping

Die Customer Journey Map gibt die aktuelle Situation des Prozesses oder der Dienstleistung wieder. Hier gibt es klare Schritte, wie eine Customer Journey Map entwickelt wird.

1. Definieren Sie die Zielgruppe.
   Pro Zielgruppe sollte eine eigene Journey Map entwickelt werden.
2. Führen Sie Beobachtungen, Daily Diaries, Fokusgruppen durch, um die wahren Abläufe Ihrer Kunden zu verstehen und zu erkennen.
3. Definieren Sie alle Schnittstellen/Touchpoints.
   Hierfür gibt es eine eigene Touchpoint Analyse, die Sie in Abb. 4.5 sehen:
4. Übertragen Sie die Touchpoints in die Customer Journey Map.
5. Definieren Sie alle Aktionen die Ihre Kunden durchführen müssen.
6. Tragen Sie alle Emotionen ein, die Sie durch die qualitative Analyse herausgefunden haben.
7. Tragen Sie alle Interaktionen ein, die von Ihrem Unternehmen durchgeführt werden müssen.
8. Tragen Sie alle Supportprozesse Ihres Unternehmens ein, damit die Interaktionen reibungslos funktionieren können. Diese Interaktionen und Supportprozesse separat aufgezeichnet, werden im Dienstleistungsdesign auch als „Service Blueprint" bezeichnet. Hier werden die Customer Journey und der Service Blueprint verbunden, da für eine Gesamtkonzeption eine gute Lösung zu finden, viel effizienter ist

Nun haben Sie eine Customer Journey Map (s. Abb. 4.6) erstellt. Hier können Sie die Customer Journey Simplification mit der Map vergleichen und Sie werden sicher eine positive oder negative Überraschung erleben. Wir kommen gleich zur Weiterentwicklung und Optimierung.

Abb. 4.5 Touchpoint Analyse

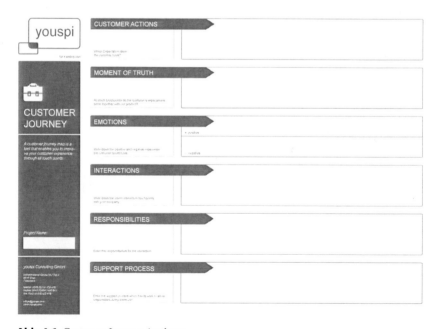

Abb. 4.6 Customer Journey Analyses

4.1.3   Customer Journey Innovation

Nachdem wir durch die Customer Journey Map den aktuellen Stand analysiert haben, kennen wir durch die emotionalen Faktoren und die Customer Journey Simplification jetzt die Ansatzpunkte für eine kundenorientierten Optimierung. Es können nun drei Arten der Innovation gestaltet werden (vgl. Abb. 4.7):

- Prozessinnovationen
- funktionelle Innovationen
- emotionale Innovationen

Die Prozessinnovationen erhalten Sie durch den Vergleich mit der Customer Journey Simplification Map. Sie versuchen, Lösungen zu finden, wie der aktuelle Prozess der Simplification anzupassen ist oder wie Alternativlösungen aussehen könnten.

Die emotionalen Innovationen können Sie zielgruppengerecht dort vorantreiben, wo Sie durch die emotionalen Erkenntnisse Optimierungsbedarf sehen.

Die funktionellen Innovationen ergeben sich durch die Entwicklungen aus den emotionalen und den Prozessinnovationen. Denn, wie wir schon gesagt haben, neue Funktionen einzubauen, die der Kunde nicht benötigt, ist überflüssig.

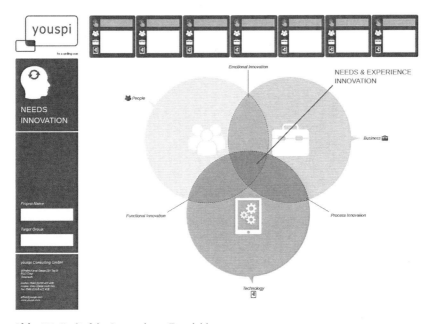

Abb. 4.7 Bedürfnis- Innovations- Entwicklung

Eine andere Möglichkeit, den Kunden emotional bei Service und Dienstleis-tungsprozessen zu „fangen", ist die Story Centered Customer Journey.

4.1.4 Story Centered Customer Journey Design

Hier verbinden wir die Methode des Storytellings mit einer Customer Journey und führen den Kunden durch den Prozess. Der zusätzliche Aufbau einer Dramaturgie, die in die Reise des Kunden integriert wird, bindet ihn noch stärker in die Ge-schichte ein. Nehmen Sie Ihre neue Customer Journey Map und die Storytelling-Methode zur Hand, und versuchen Sie entlang Ihres Prozesses eine Geschichte zu erzählen. Bringen Sie immer wieder neue Informationen mit ein und unterhalten Sie Ihre Kunden so, dass diese bis ans Ziel gehen wollen!

1. Erstellen Sie eine Ausgangssituation mit Emotion. Machen Sie Ihre Kunden neugierig auf die Geschichte, auf das Produkt, auf den Prozess und geben Sie ihnen ein Ziel (einen Mehrwert) mit.
2. Lassen Sie eine sympathische Hauptfigur und Einflussfigur schon am Start mit einfließen. Die Hauptfigur kann auch Ihr Kunde sein.
   Bauen Sie einen Kontrast auf (Spannungen). Je nachdem, wie viele Schnittstel-len Ihre Journey aufweist, können Sie sich hier ein wenig ausleben.
3. Die Herausforderungen Ihrer Journey entstehen automatisch durch den Prozess. Versuchen Sie die Schnittstellen spannender zu gestalten.
   Entwickeln Sie Ihren Kunden (persönliche Weiterentwicklung)! Zeigen Sie ihm in der Geschichte, was er davon hat. Bringen Sie ihm Ihre Einzigartigkeit bei. Was ist Ihr Reason to believe?
4. Das Happy End, die Pointe ist natürlich die Unterschrift, der Kauf und damit das Einverständnis zu Ihrem Unternehmen.
5. Im nächsten Schritt muss nun natürlich auch das Produkt an sich funktionieren und kundenorientiert gestaltet sein (Anwendbarkeit/Usability/Einfachheit).
6. Steigern Sie die Zufriedenheit mit Ihrem Service durch persönliche Ansprache.
7. Ihre Kunden sind nun loyal und werden wieder bei Ihnen kaufen.

Wie Sie die Schritte fünf bis sieben neu und innovativ definieren, wird mit dem Needs Innovation Model anhand eines Beispiels dargestellt.

4.2   Needs Innovation Model™

Hatten Sie schon einmal das Problem, dass sie innovieren, vereinfachen und auch noch ihrem Vorgesetzten klare Zahlen vorlegen mußten? Mit dem Needs Innovation Model wurden mehrere andere Modelle verbunden. Die Herausforderung dabei war, auf Fakten basierend emotionale Innovationen, funktionale Innovationen und Prozessinnovationen in einem Modell zu vereinen. Zusätzlich werden kundenseitig Daten erhoben, somit steigt die Sicherheit für einen Erfolg am Markt.

Abbildung 4.8 zeigt, dass Sie durch die Vereinigung aller Methoden im Mittelpunkt Needs Innovation oder das Experience Innovation Model finden. Dadurch werden alle Arten der Innovation eingebunden.

Eine kleine Bitte am Rande:

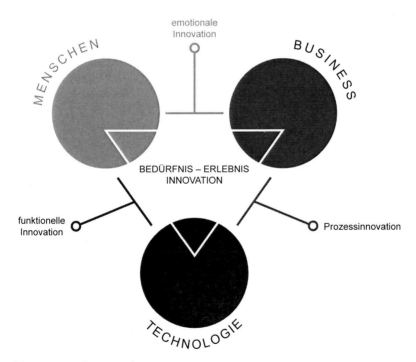

Abb. 4.8 Arten der Innovationen

BELIEVE in NOTHING
Glauben Sie nichts, was „schwarz auf weiß" steht, solange Sie es nicht selbst aus-
probiert und für gut befunden haben. Vertrauen Sie ihren Emotionen und ihrer
Logik oder ihrem Bauch.

Das Needs Innovation Model (s. Abb. 4.9) kann sowohl bei bestehenden Produkten als auch bei Neuentwicklungen eingesetzt werden. Das Modell ist unter anderem für neue Problemstellungen bei Kundenprodukten, Prozessen oder Dienstleistungen ideal abgestimmt, da es auf die Bedürfnisse des Endkunden eingeht.

Ich möchte das Modell anhand eines Beispiels erklären: Die Speech Processing
Solutions GmbH, die ehemalige Diktiersparte von Philips, beauftragte das Interaktionskonzept für ein Diktiergerät neu zu entwickeln.

Phase 1
In der ersten Phase „**spezifizieren**" wir die Zielgruppe und definieren die Ziele des
Projektes, die klar herausgearbeitet werden. Im Fall unseres Projektes waren die
Aufgaben:

- Optimierung des Nutzererlebnisses der aktuellen Kundengruppen.
- Erschließung neuer Märkte durch den Umstieg von Nutzern analoger Diktier-
  produkte auf digitale Technologie und Gewinnung neuer Kunden in Branchen,
  in denen nicht (mehr) diktiert wird.
- Am bestehenden Verdrängungsmarkt ein klares Zeichen setzen.
- Mehr als drei Innovationen kreieren.

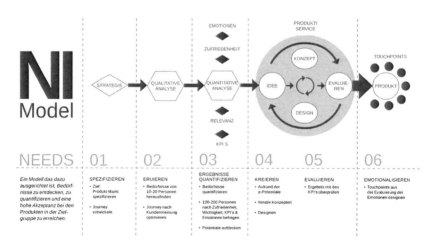

Abb. 4.9 Das Needs Innovation Model (TM)

Ausgangsprodukt war das Philips Pocket Memo 9600. In Abb. 4.10 sehen wir die Zielrichtung der Neuentwicklung. Aufbauend auf den Daten von Philips wurde festgelegt, dass einerseits die bestehenden Kunden mit bestehenden Aufgaben perfektioniert und optimiert werden mussten, aber auch eine neue Zielgruppe mit den bestehenden Funktionen erreicht werden sollte.

Nachdem wir diese Ziele in den ersten Workshops definiert hatten, konnten wir in die nächste Phase des Needs Innovation Models gehen.

Phase 2: Eruieren

Das Herz der zweiten Phase ist die Eruierung aller Bedürfnisse im gesamten Lebenszyklus des Kunden im Zusammenhang mit dem Produkt. Dafür konzipierten

Abb. 4.10 Philips Pocket
Memo 9600

wir eine Customer Journey mit allen Touchpoints, die mit qualitativen Daten unter-
mauert, ausgebaut und angepasst wurden. In der qualitativen Analyse bei Medizi-
nern und Juristen wurden folgende Methoden angewandt.

• Tiefeninterviews
• Beobachtung
• Customer Journey Development

Aus dieser Analyse erhielten wir eine lange Liste von Kundenbedürfnissen entlang
der Customer Journey, welche explizit im Vorhinein mit dem Kunden definiert
und im Kundengespräch weiter verfeinert und optimiert wurden. In diesem Fall
startete die Customer Journey bei den Händlern und verlief dann weiter über die
Diktierenden bis hin zu den Schreibkräften. Im Fokus standen dabei die kaufentscheidenden Kriterien, die Bedienung im Alltag, Serviceanfragen bis hin zu den
Indikatoren eines Wiederkaufs und einer Neuanschaffung. In dieser Phase werden
alle „Bedürfnisse" (Needs) gelistet und priorisiert.

Einen kleinen Auszug aus den Bedürfnissen sehen Sie in Tab. 4.1:

Wenn einem Auftraggeber die Aussagekraft dieser Liste reicht, kann grundsätzlich schon mit der Entwicklung und Ideenkreationsphase begonnen werden. Wenn
jedoch das Management klare Daten und eine Sicherheit für den Erfolg benötigt,
werden die Bedürfnisse noch einmal in Phase 3 quantifiziert.

Tab. 4.1 Zielgruppen, Situation, Bedürfnis

Zielgruppe	Customer Journey	Bedürfnis
Nutzer von Kassetten-Diktiergerät	Während der Aufnahme	Datensicherheit, keine Veränderung bestehender Gewohnheiten
Jurist	Vor dem Einkauf	Gutes Produktdesign
Junge Juristen	Dauernutzung	Versenden von Diktaten an die Schreibkraft, mobile Nutzung an unterschiedlichen Standorten (Zug-fahrt, Home Office etc.)
Juristen	Im Gericht	Lange Aufnahmedauer (keine Mög-lichkeit den Akku aufzuladen)
Krankenhäuser	Vor dem Kauf	Einfache Verbindung zu internen Systemen
Traditionelle Juristen	Während einer Aufnahme	Einfache, übersichtliche Darstellung der Informationen am Bildschirm
Schreibkraft	Wiedergabe der Aufnahme	Gute Aufnahmequalität
Ärzte	Visite	Geschwindigkeit

Phase 3: Quantifizieren

Bei einer zehnmal so hohen Anzahl an eingebundenen Endkunden wie bei der qualitativen Analyse, werden die Bedürfnisse in einer Kombination aus qualitativer Befragung und Onlinebefragung evaluiert und quantifiziert. Wenn die Zielgruppe größer ist, kann dies natürlich angepasst werden. Bevor jedoch die Quantifizierung beginnt, wird die Befragung noch mit den technischen Möglichkeiten und den wirtschaftlichen Details und Wünschen des Unternehmens vervollständigt. In der Quantifizierung kann noch einmal ins Detail der einzelnen Bedürfnisse über die gesamte Customer Journey hinweg gegangen werden, der Hauptpart ist die Abfrage von:

• Zufriedenheit
• Wichtigkeit
• Kunden-KPIs
• Emotionen

Also der einzelnen Bedürfnisse. Diese werden danach auf der Needs Innovation Matrix aufgezeichnet (s. Abb. 4.9). Je nachdem in welchem Quadranten sich die einzelnen Bedürfnisse befinden, können diese priorisiert und im Detail weitererarbeitet, neutral behandelt oder gestrichen werden. Zusätzliche Evaluierungsunterstützung sind die Größe und Farbe, die das emotionale Feedback des Kunden darstellen.

In der Matrix sieht man aus Kundensicht die Optimierungspotenziale, Innovationspotenziale, aber auch Funktionalitäten oder Bedürfnisse, die nicht Teil des Produktes sein müssten. Dieses dient zur Vereinfachung des Systems.

Bei Produktüberarbeitungen werden nun die einzelnen Bedürfnisse auf der Needs Feature Matrix (s. Abb. 4.11) eingetragen und den bestehenden Funktionalitäten gegenübergestellt. Bei einer kompletten Neuentwicklung wird diese Matrix dazu verwendet, den Fokus nicht zu verlieren und neue Funktionalitäten nur nach einer Bedürfnispriorisierung zu erarbeiten (Abb. 4.12).

Da Sie nun wissen, in welchen Bereichen Sie innovieren dürfen, kommen wir nun in den Bereich der Ideengenerierung und Konzeptphase. Jetzt werden neue Produkte, Features oder Dienstleistungen kreiert.

Phase 4: Kreation

Diese Phase zeichnet sich durch ihren iterativen Prozess aus, in dem Konzepte entwickelt, prototypisch umgesetzt und getestet werden. In unserem Fall wurde der erste interaktive Prototyp auf einem Laptop mit Touchscreen als visueller Ablauf nachgebaut und mit Endkunden getestet, ohne jemals eine Zeile Programmcode

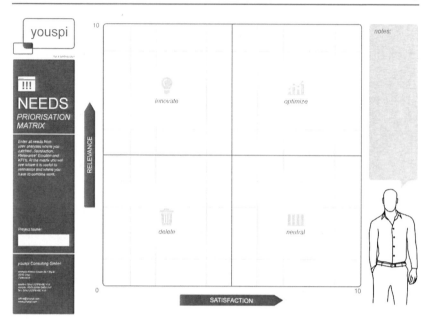

Abb. 4.11 Bedürfnis Priorisierung Matrix

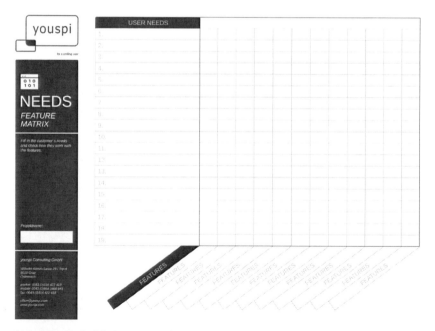

Abb. 4.12 Bedürfnis Feature Matrix

Tab. 4.2 Bedürfnis- Lösungs- Tabelle

Bedürfnis	Lösung
Nutzer von Kassetten-Diktiergerät: Datensicherheit, keine Veränderung bestehender Gewohnheiten	‚Klassik-Modus' für eine klare einfache Interaktion
Jurist: Einfache, übersichtliche Darstellung	Vereinfachte Datenvisualisierung
Schreibkraft: Hohe Aufnahmequalität	Integration eines Bewegungssensors für eine automatische Mikrofonauswahl; Rauschunterdrückung
Arzt: Geschwindigkeit und Sicherheit bei der Visite	Integrierter Strichcode-Scanner für Optimierung in der Dokumentation

geschrieben zu haben. Dies hat den Vorteil, dass Grobkonzepte in Hinsicht auf ihre Bedienbarkeit und Akzeptanz mit geringem Aufwand evaluiert werden können.

Tabelle 4.2 zeigt beispielhaft für unser Projekt die Bedürfnisse der verschiedenen Zielgruppen und die Lösungen dazu auf.

Nach einem sehr frühen Usability-Test wurde im Fall Speech Processing Solutions knapp vor dem Ende der Entwicklung ein zweiter Usability-Test durchgeführt und das Produkt noch einmal **evaluiert**. Hier wussten wir bereits, dass das Interaktionskonzept funktioniert und intuitiv bedienbar ist. In diesem Test versuchten wir, noch Feinheiten einzelner Funktionalitäten zu verbessern und für uns noch offene Fragestellungen zu lösen. Dies war sozusagen auch die Test- oder Betaphase, bevor das Produkt auf den Markt kam (s. Abb. 4.13).

Durch den zweiten Usability-Test konnten wir auch die Kunden-KPIs testen und sicherstellen, dass das Konzept auch die erhoffte Akzeptanz hat.

Weitere KPI-Checks können mit folgenden Methoden umgesetzt werden:

- A/B-Analyse
- Effizienztests
- Co-Creation
- Stakeholder Feedback

Nach Beendigung der Produktentwicklung wurden noch in den verschiedenen Touchpoints der Customer Journey einzelne Schnittstellen emotionalisiert.

Phase 6: emotionalisieren

In diesem Projekt wurden nur die kaufentscheidenden Kundenschnittstellen und solche mit negativer Emotionalisierung optimiert.

Zusammenfassend können wir durch das Needs Innovation Model folgende Erfolge aufweisen:

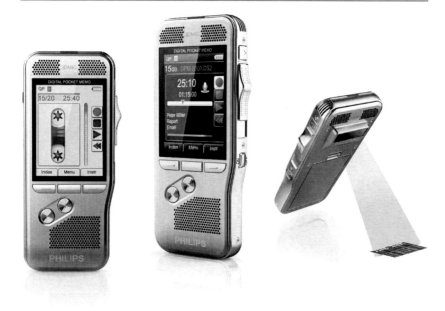

Abb. 4.13 Philips Pocket Memo DPM8500

Emotionale Innovation

- Analoges Design (digitale Nachbildung einer analogen Kassette)
- Assistent für die Inbetriebnahme des Geräts für Kunden von Olympus-Geräten, anlogen Geräten und Nicht-Diktierer
- Produktdesign

Funktionelle Innovation

- Für den medizinischen Markt: Strichcode-Scanner-Aufsatz
- Optimale Rauschunterdrückung
- Zwei Mikrofone mit automatischer Umschaltung zwischen Meetingaufnahmen und Diktieren

Prozessinnovation

- Medizinischer Markt: Verkürzung der Zeitdauer bei der Erstellung von Patiententdokumentationen von ein bis zwei Tagen auf wenige Stunden
- Juristischer Markt: Direktversand von Aufnahmen

Die Vorgehensweise und das Modell gab uns Recht, indem sich der Markt dankbar zeigte. Das Kundenfeedback zeigte in kürzester Zeit, dass das neue Konzept sehr positiv am Markt angenommen wurde und zum Erfolg des Produktes beitrug. Durch das Needs Innovation Model kann man ein Produkt und alle dazugehörigen Prozesse miteinander abstimmen und designen.

4.2.1 KWB Steuerung

Die Steuerung von KWB Biomasseheizungen ist ein weiteres Beispiel für kundenorientierte Innovationen. Ausgangspunkt der Neukonzeption war eine Steuerung mit einem Drehrad und zwei Bedienknöpfen für Bestätigung und Abbruch (vgl. Abb. 4.14).

Nach einer Stakeholderanalyse und der Bekanntgabe aller technischen Anforderungen wurde entschieden, mit dem Trend der Zeit zu gehen und einen Touchscreen in die neue Steuerung einzubauen. Jedoch wurden zusätzlich aus Effizienzgründen für die Zielgruppe Service und Vertrieb das Drehrad und die beiden Hardbuttons beibehalten. Dieses Hardwarekonzept wurde auch aus einem zweiten Grund beibehalten: Bei den Kunden wurde dieses Konzept im ersten Eindruck als sehr einfach wahrgenommen (s. Kap. Vereinfache die menschliche Wahrnehmung). Daher wurde die Entscheidung getroffen, nicht auf eine reine Touchbedienung umzusteigen (vgl. Abb. 4.15).

In weiterer Folge entstand ein innovatives Konzept, das aus drei verschiedenen Bedienmöglichkeiten bestand.

1. Reine Touchbedienung
2. Reine Hardware Bedienung
3. Touch- & Hardwarebedienung in Kombination

Abb. 4.14 KWB Comfort 3

Abb. 4.15 KWB Comfort 4, Hardwaresteuerung von KWB supported by youspi

Die Konzeption dieser unterschiedlichen Bedienkonzepte in einer Oberfläche war eine Herausforderung. Dies entstand jedoch ausschließlich aus den Ergebnissen der verschiedenen Zielgruppen und deren Bedürfnissen. Kundenorientierte Innovationen können größere Auswirkungen haben, als rein technische Innovationen.

Alle Methoden und Techniken, die bis dato in diesem Kapitel beschrieben wurden, fallen unter den Begriff „User Experience". Um auch eines von mehreren übergreifenden Tools kennen zu lernen, möchte ich nun den Experience Atlas vorstellen.

4.3 Experience Atlas

Dieses Tool visualisiert alle Kundenschnittstellen mit ihrem Informationsflow, der von den jeweiligen „Call to Actions" ausgelöst wird. Hier stellen sich grundsätzliche Fragen:

- Wie werden die Informationen aufbereitet, die zum Kunden gehen und wie groß ist ihr Return on Investment (ROI)?
- Haben Ihre Schnittstellen einen „Call to Action"?
- Wohin führen diese?

Haben Sie sich schon einmal Gedanken über den Informationsfluss Ihres Produkt-Services und Ihrer Werbematerialien Gedanken gemacht? Wohin zielen ihre Kundenschnittstellen, beziehungsweise wohin leiten sie weiter? Um dies zu verstehen, möchte ich folgende Aussage für wirtschaftlich denkende Unternehmen machen.

▶   Es darf keine Information geben, ohne einen Aktionsaufruf! (Call to
     Action)

• Sobald eine Kundenschnittstelle keinen Call to Action hat und sagt, wohin die
  Reise geht bzw. zum falschen Ziel zeigt, **sinkt ihr ROI**.
• Sobald diese Information nicht verständlich genug geschrieben ist, **sinkt ihr
  ROI**.
• Sobald die Aktionsaufrufe versteckt sind, **sinkt ihr ROI**.
• Sobald eine Kundenschnittstelle zu mehreren Schnittstellen zeigt, **sinkt ihr
  ROI**.
• Zeigt eine Kundenschnittstelle ins Leere, **gibt es keinen ROI**.
• Wenn eine Schnittstelle keinen Aktionsaufruf hat (CTA), ist diese überflüssig
  und ihr **ROI fällt ebenfalls auf Null**.

Der Experience Atlas zeigt Ihre Schnittstellen zum Kunden auf und verweist auf
den Informationsfluss (s. Abb. 4.16). Nehmen Sie die Touchpoint-Analyse Ihres

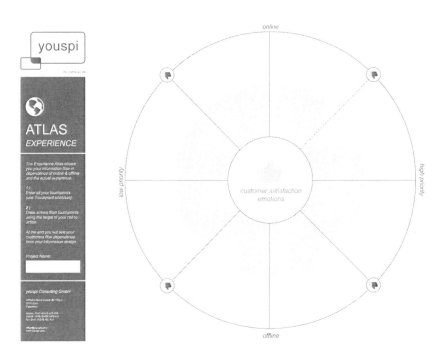

Abb. 4.16 Experience Atlas

Unternehmens und zeichnen Sie diese in der Experience Map ein. Mit der Touchpoint-Analyse werden alle wichtigen Details, die Sie benötigen, hinterfragt:

- Online/Offline
- Zufriedenheit des Kunden mit dem Touchpoint
- Wichtigkeit des Touchpoints
- Weiterleitung zu…!

So können Sie schnell ihren Unternehmensinformationsfluss visualisieren und danach auch ihre eigenen Schlüsse daraus ziehen und optimieren.

Nun haben Sie viele Methoden aus der Usability/User Experience und Customer Experience kennen gelernt. Jetzt müssen Sie nur noch Ihr Management oder Ihre Führungskräfte davon überzeugen, dass dies gute Tools sind, um Ihr Unternehmen noch erfolgreicher zu machen.

Überzeugen mit System

5

Inhaltsverzeichnis

Zusammenfassung

Sie haben nun alles verstanden und sind bereit die Methoden und neuen Konzepte einzusetzen. Jedoch haben Sie das Problem, dass Sie noch einige Mitstreiter benötigen, oder in Ihrem Unternehmen noch ihre Vorgesetzten überzeugen müssen? Dann lesen Sie nun weiter und lernen Sie die Grundlagen der Motivationstheorie um darauf aufzubauen, und ihre Zielpersonen zu überzeugen. Sie lernen wie Sie Ihre Mitstreiter anpacken müssen und einige Taktiken, wie Sie von der Usability, User Experience und Customer Experience überzeugen können. Zum Abschluss möchte ich Ihnen noch Studien und Statistiken mit auf den Weg geben, die Sie in Ihren Präsentationen inkludieren können.

© Springer Fachmedien Wiesbaden 2016
J. Robier, *Das einfache und emotionale Kauferlebnis,*
DOI 10.1007/978-3-658-10130-5_5

Usability, User Experience und Customer Experience sind auf den ersten Blick sehr subjektive Anwendungen, haben jedoch einen großen Einfluss auf die Kundenzufriedenheit. Der Thematik wird zwar oft ein großer Stellenwert zugeschrieben, meist aber kein aktiver. Die Überzeugung von Mitarbeitern oder Managern ist der erste Schritt, um kundenorientiert zu arbeiten. Eine reine Zustimmung zum Thema reicht nicht aus, es müssen gesamte Unternehmensstrukturen geändert werden, um Customer Experience effizient praktizieren zu können. Um die richtige Überzeugungsarbeit leisten zu können, schauen wir uns im ersten Schritt den Hintergrund von Motivation und Überzeugung an, denn wir müssen wissen, wie das Gegenüber motiviert und überzeugt werden kann. Dies funktioniert aber nur, wenn die Kommunikation einfach und schnell und zur Zufriedenheit des Gegenübers passiert. So können Usability-Inhalte effizient, effektiv und mit Zufriedenheit übermittelt werden.

▶   Usability effizient, effektiv und mit Zufriedenheit übermittelt = Die
     benutzerfreundliche Usability

5.1 Motivation und Überzeugen

Üblicherweise spricht man von extrinsischer und intrinsischer Motivation.

Egal von welcher Arbeit wir sprechen, viele Menschen sind demotiviert und fühlen sich bei der Arbeit nicht in ihrem Tun bestärkt, dafür gibt es sehr oft eine einfache Erklärung:

Die Motivationstechniken der Manager funktionieren nicht.

Die meisten der Standard-Motivationstools wie Werbeaktionen, Boni, Mitarbeiter des Monats, Auszeichnungen, Gespräche oder Gratisessen sind einfach und liegen im Bereich der extrinsischen Motivation. Sind sie jedoch auch effektiv? Ist es das richtige Tool um zu motivieren, auch wenn man seine Arbeit mag? Sehr oft sind diese falschen Anreize der Grund, wieso sich Mitarbeiter missverstanden fühlen. Dies ist geradezu schädlich für den Antrieb, Energie und das Engagement. Folgende Emotionen bleiben (workingamerica):

- Gefühl des Manipuliert-Werdens
- Gefühl von mangelnder Wertschätzung
- Demotivation

Eine Gallup-Studie (Gallup 2014) zeigte, dass 60–80 % der Arbeitnehmer während der Arbeit nicht wirklich beschäftigt sind. Mitarbeiter fühlen sich wenig wertge-

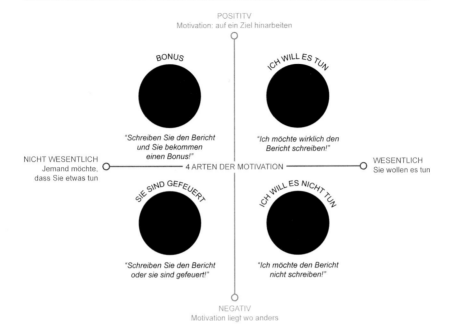

Abb. 5.1 Motivationsarten

schätzt und gebraucht. Somit fehlen Loyalität, Leidenschaft und Motivation am Arbeitsplatz. Stunden werden abgesessen, Glück und Motivation fehlen. Es gibt vier verschiedene Arten der Motivation (s. Abb. 5.1), wobei jedoch nur ein Quadrant funktioniert. Leider konzentrieren sich viele Manager hier auf die falschen und vor allem ineffizienten Formen.

Vier verschiedenen Arten der Motivation:

- **Intrinsische Motivation** ist, wenn Sie etwas tun wollen.
- **Extrinsische Motivation** ist, wenn jemand anderer Sie versucht, dazu zu bringen, etwas zu tun.
- **Positive Motivation** ist, wenn Sie etwas wollen (eigene Ziele).
- **Negative Motivation** ist, wenn Sie etwas vermeiden möchten.

Wieso funktionieren drei Bereiche davon nicht? Der erste Punkt ist, dass extrinsische Motivation nicht oder nur kurzfristig funktioniert. Beispiele für extrinsische Motivation sind:

1. Kinder erhalten Süßigkeiten
2. Geschenke bei Wahlen
3. Für Arbeitskräfte eine Lohnerhöhung

Eine wachsende Zahl von Untersuchungen zeigt, dass diese Art der extrinsischen Motivation nicht annähernd so gut ist, wie man dachte. Alfie Kohn hat sich ausführlich mit der Thematik Motivation beschäftigt, und sein Buch „Punished by Rewards" (1999) zeigt im Detail, dass extrinsische Motivation einige gravierende Nachteile hat:

1. **Sie ist nicht nachhaltig** – Sobald Bestrafung oder die Belohnung nachlassen, verschwindet auch die Motivation.
2. **Sie erhalten abnehmende Wirkung** – Wenn die Bestrafung oder die Belohnung auf gleichem Niveau bleibt, sinkt die Motivation langsam ab. Um jedes Mal wieder die gleiche Motivation zu erzeugen, benötigt man eine größere Belohnung oder Bestrafung.
3. **Es schwächt die intrinsische Motivation** – Schwindet die Bestrafung oder Belohnung, dann sinken auch die eigene Motivation und der Wunsch, diese Aufgaben aus eigenem Antrieb zu erledigen.

In einem Beispiel von Kohn wurden Kindern, die in einer kleinen Stadt lebten, Punkte pro Buch gegeben, die Sie während der Sommerferien von der lokalen Bibliothek ausliehen. Die Punkte konnten danach für kostenlose Pizzen eingelöst werden. Dies war ein Versuch, das Lesen bei Jugendlichen zu fördern. Die Kinder im Programm lasen tatsächlich mehr Bücher als andere Kinder. Aber nachdem das Programm beendet wurde, sank auch das Leseverhalten. Nun lasen diese Kinder wieder weit weniger Bücher als andere Gleichaltrige. Der eigene innere Wunsch Bücher zu lesen, war von der extrinsischen Belohnung nur künstlich erhöht worden. Keine Pizza, keine Motivation zu lesen. Wir können die extrinsische Motivation daher beiseitelegen.

Aber auch negative Motivation funktioniert nicht nachhaltig. Wiederum ein Beispiel von Kohn: Herzpatienten, die doppelte oder vierfache Bypassoperationen hatten, stehen vor einer einfachen Wahl:
Sie müssen aufhören:

• ungesunde Lebensmittel zu essen
• zu rauchen

- sich nicht zu bewegen
- Alkohol zu trinken
- unter Stress zu arbeiten

oder sie sterben. Das muss doch die ultimative negative Motivation sein, wenn man den höchsten Preis – sein eigenes Leben - dafür zahlt? Nur 10 % der Herzpatienten schafften es, bis zwei Jahre nach ihrer Herz-OP ihren Lebensstil so zu verändern, dass sie nachhaltig ihr Leben verbesserten. Mit der „ultimativen negativen Motivation" konfrontiert, waren neun von zehn Personen noch immer nicht in der Lage, einfache Änderungen ihrer Lebensgewohnheiten zu vollziehen. Daher haben auch so viele dieser Herzpatienten eine zweite oder dritte Herzoperation. Das sind starke Hinweise dafür, dass negative Motivation nicht funktioniert.

Ein Arzt, Dean Ornish, erstellte ein Programm, in dem Herzpatienten belehrt wurden, das Leben zu schätzen und ihre Gewohnheiten zu ändern. Sie praktizierten Yoga, meditierten, führten eine Anti-Stressberatung durch und bekamen eine gesunde Ernährungsberatung. Das Genießen des Lebens stand dabei immer im Vordergrund. Das Ergebnis: Zwei Jahre später konnten 70 % der Patienten einen neuen Lebensstil leben (Kohn 2014).

Wenn auch die Bedrohung durch den Tod keine Motivation ist, seinen Lebensstil nachhaltig zu ändern, wird deutlich, dass die Motivation basierend auf „etwas zu vermeiden" nicht so effektiv ist, wie die Motivation basierend auf „etwas zu erreichen". Nach Ausschluss der extrinsischen und negativen Motivation bleibt also nur mehr die intrinsische positive Motivation übrig, um nachhaltig zu arbeiten (Block und Koestenbaum 2001). Dadurch ändert sich die Rolle des Managers als Motivator komplett. Statt eine Motivationsquelle zu sein, muss der Manager seine Mitarbeiter dabei unterstützen, ihre eigene innere Motivation zu finden.

Was erhöht die intrinsische Motivation?

- **Herausforderung** – Sich selbst herauszufordern und Aufgaben zu erfüllen.
- **Steuerung** – Selbst zu entscheiden, was Sie tun.
- **Zusammenarbeit** – Im Team etwas erreichen.
- **Anerkennung** – Positive Anerkennung für Ihre Arbeit.
- **Zufriedenheit am Arbeitsplatz** – Diejenigen, die ihre Arbeit und ihren Arbeitsplatz mögen, sind viel eher intrinsisch motiviert.
- **Respekt** – Respekt vor der Arbeit, die getan wird und Respekt vor dem Menschen steigern die Motivation.

Was einige Manager nicht wissen ist, dass Menschen grundsätzlich gute Arbeit tun wollen. Schaffen Sie ein glückliches, positives Arbeitsumfeld und die Menschen dort sind von Natur aus intrinsisch motiviert.

Wir haben nun gelernt, Usability und User Experience oder Customer Experience intern zu verkaufen und Mitarbeiter oder Manager zu überzeugen, sich daran zu beteiligen. Wenn Manager überzeugt sind und Top-Down etwas vorgeben, ist es natürlich einfach etwas durchzusetzen. Wenn Bedarf und Budget vorhanden sind, können Aufträge vergeben oder UX-Verantwortliche eingestellt werden. Wie ist es jedoch, wenn kein Budget vorhanden und keine große Wertschätzung seitens des Managements gegeben ist? Auch hier gibt es Möglichkeiten, Usability voranzu-treiben. Es braucht aber immer Personen, die sich dafür verantwortlich fühlen und andere versuchen einzubinden.

Sind Sie so eine Person?

Eine Person muss sich des Themas Usability annehmen. Zu Beginn eines jeden Projektes muss es eine klare Verantwortlichkeitsverteilung geben. Der Manager muss die Freiheit und die Zeit geben, dass Mitarbeiter sich mit UX und CX be-schäftigen dürfen, um die Thematik voranzutreiben. Im Anschluss finden Sie eini-ge Möglichkeiten der UX-Einbindung.

5.2 Methoden der Überzeugung

5.2.1 Quick Stakeholder MAP

Füllen Sie zu Beginn jedes Projektes oder vor Verantwortungsübernahmen eine Stakeholder MAP (s. Abb. 5.2) aus, um zu definieren, mit welchen Personen Sie zusammenarbeiten oder welche Personen Sie einbinden müssen. Halten Sie Rück-sprache mit den verantwortlichen Personen oder Kollegen. Es wird im Zuge Ihrer Projekte viel weniger Unstimmigkeiten geben, wenn klar definiert ist, wer für das Projekt zuständig ist, und wer eingebunden werden muss. Hier gilt es, wirklich alle Personen und Gruppen einzubinden, die Einfluss auf den Erfolg des Projekts nehmen. Sobald Kunden auf der Stakeholder Map stehen, muss sich jemand dafür verantwortlich fühlen und auch diese einbinden.

Diese Methode inkludiert folgende intrinsische Motivatoren:

- Steuerung
- Zusammenarbeit
- Anerkennung

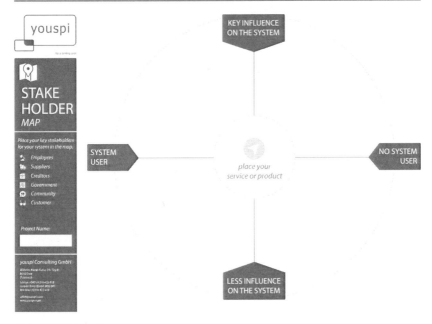

Abb. 5.2 Stakeholder map

- Zufriedenheit am Arbeitsplatz
- Respekt

So gehen Sie vor:

1. Nehmen Sie die Stakeholder Map und tragen Sie alle Personen ein, die mit dem Produkt/System in Verbindung kommen.
2. Nehmen Sie Rücksprache mit Kollegen und Key Stakeholder.
3. Tragen Sie die wichtigsten Entscheider ein, auch wenn Sie nicht mit dem System arbeiten.
4. Sobald Sie fertig sind, veröffentlichen Sie die Stakeholder Map oder kleben sie an Ihre Eingangstür, sodass alle diese sehen können.

Personen, die mitreden wollen, werden sich bemerkbar machen. Sie haben ein UX-Zeichen gesetzt. Wenn es funktioniert, werden Sie auch weiter Tools einsetzen dürfen.

Abb. 5.3 User experience Guerilla wall

5.2.2   UX Wall

Sie erhalten ein Projekt, von dem Sie wissen, dass es nicht benutzerfreundlich ist. Zusätzlich zu dieser Situation haben Sie kein Budget um User Research durchzuführen. Bauen Sie die UX Wall in Ihr Projekt ein (vgl. Abb. 5.3). Dies ist eine einfache Methode, um alle Projektmitarbeiter an UX Research und Kundenintegration zu erinnern. Mit dieser Methode kann während des gesamten Projektes User Research durchgeführt und können gemeinsam Lösungen gefunden werden.

Diese Methode inkludiert folgende intrinsische Motivatoren:

- Steuerung
- Zusammenarbeit
- Respekt

So gehen Sie vor:

1. Sie kleben die UX Wall an eine Stelle, an der Sie von allen Mitarbeitern gut gesehen wird.
2. In einem ersten Workshop definieren Sie über die Stakeholder Map gemeinsam die Zielgruppe ihres Systems und schreiben diese in die erste Spalte der Wall.
3. Jeder Mitarbeiter ist aufgefordert, alle UX Probleme, die beispielsweise in Telefonaten mit Kunden oder über den Service auftreten in die Spalte „Customer Findings" aufzukleben.
4. Einmal pro Woche werden in einem fix definierten UX Workshop die Findings strukturiert und organisiert und wird versucht, Lösungen zu finden.

Die Lösungen können sofort in die Projekt-Requirements mit aufgenommen werden

5.2.3 Fast User Testing

Sie haben schon erste Ideen oder Konzepte definiert. Sie haben jedoch nicht die Zeit und das Geld, um diese schnell einmal zu programmieren oder einen externen Usability-Test zu beauftragen? Dann führen Sie diesen doch selbst durch! Die groben Usability-Probleme finden Sie schnell mit vier bis sechs Personen selbst heraus. Das kostet Sie maximal eine Stunde Zeit.

Diese Methode motiviert durch

- Herausforderung
- Steuerung
- Anerkennung

Und so einfach geht's:

1. Zeichnen Sie Ihr Konzept auf ein Blatt Papier.
2. Definieren Sie zwei bis drei Fragen, die sie brennend am Konzept interessieren.
3. Gehen Sie einfach auf die Straße oder in das gegenüberliegende Büro und bitten jemanden um fünf Minuten seiner Zeit. Wenn möglich Personen aus Ihrer Zielgruppe.
4. Stellen Sie Ihre Fragen.

5. Merken Sie sich das Feedback oder schreiben Sie es mit.
6. Gehen Sie zurück und optimieren Sie Ihr Konzept.
7. Machen Sie eine zweite Testing-Runde mit anderen Personen. Zum Vergleich fragen Sie ein bis zwei der schon eingebundenen Personen.

Fragen Sie jedoch keine Projektmitarbeiter, die selbst mit der Problematik arbeiten.

5.2.4 UX Gehirnwäsche

Wie wir schon beim Storytelling gelesen haben, ist die beste Art zu überzeugen, dass Usability einen Mehrwert hat, das Selbsterlebte. Wenn Sie jedoch noch nie Usability eingesetzt haben, oder ihr Management keinen Mehrwert darin sieht, ist das Zweitbeste nach dem Live-Erlebten die Geschichte.

Diese Methode könnte folgende intrinsische Motivatoren ansprechen:

- Herausforderung
- Steuerung
- Anerkennung
- Respekt

So können Sie vorgehen:

Sie müssen sich jedoch bewusst sein, dass Sie hier das Zepter übernehmen müssen. Suchen Sie sich eine der folgenden Erfolgsgeschichten oder Studien heraus und…

1. bauen Sie diese in Ihre Präsentationen mit ein!
2. erzählen Sie verschiedene Statements immer wieder in Ihrem Unternehmen und geben sie gleichzeitig einen „Call to Action", dies auch einmal zu probieren.
3. drucken Sie einzelne Stories oder Studien aus, kleben Sie diese in Ihr Büro oder an firmeninterne öffentliche Pinwände.
4. posten Sie diese im Intranet oder anderen Community Tools.

5.2.4.1 User Experience Aktivitäten vermindern Ineffizienzen
In der Softwareentwicklung sind User Experience Maßnahmen und Ihre Vorteile durch viele Studien belegt (Abb. 5.4).

User Experience (UX) Aktivitäten können Ineffizienzen
in der Entwicklung reduzieren

In IT Organisationen kommt es auf die Schnelligkeit an.

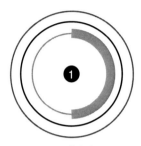 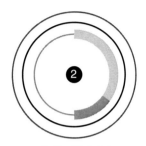

50%
*UX hilft die Usability Bedürfnisse
vorab zu definieren und
Nacharbeit zu vermeiden.*

33-50%
*User Beteiligung hilft
Entscheidungen zu verbessern
und Entwicklungsaufgaben
zu priorisieren*

47-66%
des gesamten Projekt Codes

80%
*der unvorhergesehenen,
notwendigen Fehlerkorrekturen
(die restlichen 20% sind
Programmfehler)*

*Das User Interface (UI)
einer Software:*

40%
des Entwicklungsaufwandes

Abb. 5.4 User Experience Aktivitäten vermindern Ineffizienzen

5.2.4.2 Return on Investment sind dokumentiert

Kundeneinbindung und Benutzerakzeptanz sind wichtige Bestandteile für erfolgreiche Projekte (Abb. 5.5).

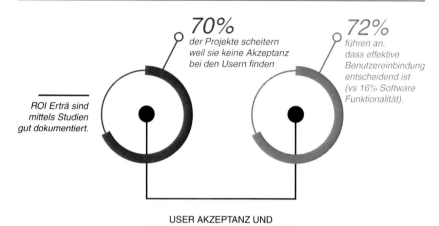

Abb. 5.5 Return on Investment sind dokumentiert

5.2.4.3   Auswirkungen von User Experience

In der folgenden Grafik sind die Auswirkungen von User Experience Aktivitäten in der Produktentwicklung dokumentiert (Abb. 5.6).

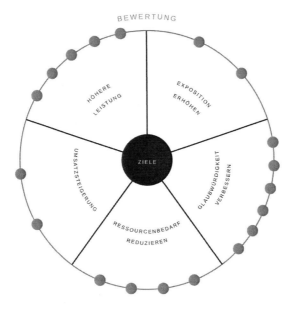

HÖHERE
LEISTUNG

• *Anzahl der Bedienfehler reduzieren*
• *Bedienkomfort erhöhen*
• *Erlernbarkeit erhöhen*
• *Datenverkehr/Benutzerzahlen erhöhen*
• *Anzahl der Stammkunden erhöhen,*
  wenn es Sinn macht (Nutzer binden)

EXPOSITION
ERHÖHEN

• *Anzahl der neuen Besucher erhöhen*
  (Benutzer fesseln)
• *Anzahl der Besuche durch*
  div. Suchmaschinen erhöhen

GLAUBWÜRDIGKEIT
VERBESSERN

• *User Zufriedenheit erhöhen*
• *Vertrauen in das System vertiefen*
• *Kundenempfehlungen erhöhen*
• *Entwicklungskosten reduzieren*
• *Entwicklungszeit reduzieren*
• *Wartungskosten reduzieren*

RESSOURCENBEDARF
REDUZIEREN

• *Redesign Kosten reduzieren*
• *Support-Kosten senken*
• *Schulungsaufwand senken*
• *Dokumentationskosten reduzieren*

UMSATZ
STEIGERUNG

• *Transaktionen/Erwerbe erhöhen*
• *Produktverkäufe erhöhen*

Abb. 5.6 Auswirkungen von User Experience

5.2.4.4   User Experience erhöht den KPI

Key Performance Indicator's sind wichtige Bestandteile im Projektcontrolling (Abb. 5.7).

Abb. 5.7 User Experience
erhöht den KPI

UX erhöht
Key Performance
Indicator mit

83%

5.2.4.5   Nachgewiesene Investments durch User Experience

Klare Vorteile durch User Experience (Abb. 5.8).

Abb. 5.8 Nachgewiesene Investments durch UX

5 NACHGEWIESENE ROI GEWINNE
DER USER EXPERIENCE

Gesamter Umsatz/Umsetzung   Entwicklungs- „Müll" reduzieren   Das Risiko senken,
fördern (Loyalität)   (Effizienz)   das Falsche zu machen

❶   ❷   ❸   ❹   ❺

              Support-Aufrufe senken   Kundenzufriedenheit erhöhen
                    (Kosten)   (auch B2B)

93%

der Führungskräfte denken,
dass eine Verbesserung der
User Experience eine
Top Strategie war.

Es ist kein Wunder,
dass Unternehmen User
Experience priorisieren.

5.2.4.6 Versteckte ROI durch User Experience

Durch User Experience Methoden ergeben sich klare Vorteile für einen typischen Tagesablauf (Abb. 5.9).

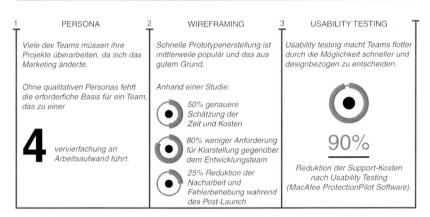

Abb. 5.9 Versteckte ROI durch UX

5.2.4.7 User Experience Leaders übertreffen ihre Mitbewerber

Unternehmen die sich auf User Experience konzentrieren, schneiden finanziell besser ab (Abb. 5.10).

5.2.5 Wie man den ROI von Usability kalkuliert!

Kosten durch Fehler

Formel:

(Anzahl Fehler) × (durchschnittliche Entwicklungszeit) × (Mitarbeiterkosten) × (Anzahl der Mitarbeiter) = Kosten durch Fehler/potentielle Kostenersparnis

UX LEADERS
ÜBERTREFFEN IHRE MITSTREITER

6-jährige Wertentwicklung von Customer Experence Führungskräften vs.
Nachzüglern vs. S&P 500 (2007–2012)

Die Top 10 Customer Experience
Führngskräfte übertrafen S&P mit ihrer
Leistung von knapp einem Drittel der
Erträge, eine Gesamtzahl von

Die 10 schlechtesten
generierten eine
negative Gesamtzahl von

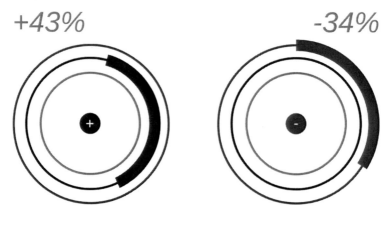

Unternehmen die sich auf User Experience konzentrieren
schneiden finanziell besser ab.

Abb. 5.10 UX Leaders übertreffen ihre Mitbewerber

Beispiel

(2 Fehler/Woche) × (1 Stunde) × (30 €/h) × (100 Mitarbeiter) = € 6000/Woche
oder ca. € 300.000/Jahr

Kosten für Entwicklung und Wartung
Formel:

(Anzahl der Änderungen) × (durchschnittl. Stunden/Wechsel) × (Kosten für Entwickler) × (4, wenn zu spät) = Kostenersparnis

> **Beispiel**
>
> (20 Änderungen) × (8 Stunden pro) × ($ 40/Stunde) = $ 6400, wenn es früh erledigt wird oder $ 25.600, wenn es spät passiert

Produktivität

Formel:

(Zeitersparnis) × (Mitarbeiterkosten) × (Anzahl der Mitarbeiter) = Kostenersparnis

> **Beispiel**
>
> (1 Std/Woche) × (30 €/h) × (1000 Mitarbeiter) = $ 30.000/Woche oder $ 15.000.000/Jahr
> (http://www.humanfactors.com/coolstuff/roi.asp 30.12.2014)

5.2.6 UX Toolbox

Mit der UX Toolbox (vgl. Abb. 5.11) können Sie sehr schnell Kollegen und Manager in den UX Prozess einbinden.

Abb. 5.11 User Experience Toolbox

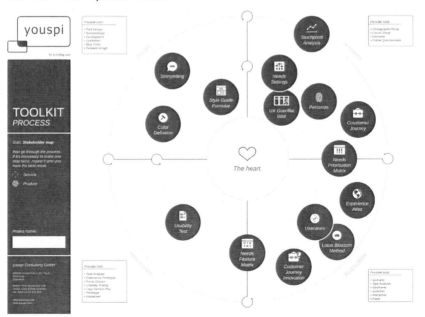

Diese Methode könnte folgende intrinsische Motivatoren ansprechen:

- Steuerung
- Zusammenarbeit
- Respekt

So können Sie vorgehen:

1. Stellen Sie die UX Toolbox in einem Meeting vor.
   Teilen Sie die Methoden mit Ihren Projektmanagern, Innovationsmanagern &
   Serviceverantwortlichen.
2. Bieten Sie einen Einführungsworkshop an.

So wird Usability in Ihr Unternehmen getragen. Einfach und schnell werden erste
Methoden im Unternehmen angewandt.

Laden Sie die Statistiken und einen Teil der Toolbox unter folgendem Link
herunter:

http://www.youspi.com/dasverkaufserlebnis/ (Abb. 5.12).

Abb. 5.12 Download Daten

5.3   Der „ Reason to believe" als wesentlicher Kaufgrund

Der „Reason to believe" stellt den wesentlichen Kaufgrund bzw. die Argumenta-
tion dahinter in den Vordergrund. Der „Reason to believe" hat das Ziel, den Konsumenten in seiner Kaufentscheidung http://de.wikipedia.org/wiki/Kaufentschei-
dungdurch tatsächliche oder subjektiv wahrgenommene Fakten zu bestätigen und
ihm ein – über den reinen Kaufprozess hinausgehendes – gutes Gefühl zu vermitteln, sich für das betreffende Produkt entschieden zu haben oder zu entscheiden.

Der „Reason to believe" unterscheidet sich vom „Einzigartigen" eines Produktes, kann jedoch auch mit ihm übereinstimmen.

Es sind meistens nicht die Zusatzfunktionalitäten, die unserem Gehirn sagen, dass ein Produkt es wert ist, gekauft zu werden. Es sind die emotionalen Verbindungen sowie Einfachheit und Effizienz. Es wird immer ein Gesamtbild Ihres Unternehmens geben, das ihren „Reason to believe" beeinflusst.

► Denken Sie holistisch
   Denken Sie emotional
   Denken Sie einfach
   Und kommunizieren Sie einfach und emotional!

Literatur

Block, Peter, und Peter Koestenbaum. August 2001. Freedom and accountability at work: Applying Philosophic Insight to the Real World Paperback. Pfeiffer. http://www.amazon.com/Freedom-Accountability-Work-Applying-Philosophic/dp/0787955949.

Gallup. 2014. http://www.gallup.com/de-de/181871/engagement-index-deutschland.aspx. Zugegriffen: 1. Feb. 2015.

Kohn, Alfie. 1987. http://naggum.no/motivation.html. Alfie Kohn, a Cambridge, MA writer, is the author of „No Contest: The Case Against Competition," recently published by Houghton Mifflin Co., Boston, MA. ISBN 0-395-39387- Zugegriffen: 3. Dez. 2014.

MIX
Papier aus verantwortungsvollen Quellen
Paper from responsible sources
FSC® C105338

FSC
www.fsc.org
®

Printed by Books on Demand, Germany